Für Rieke und Andor

Impressum

© 2018 Tanja Breukelchen, Hamburg

www.schlafenundstaunen.de

Tanja Breukelchen UG (haftungsbeschränkt),
c/o Kantstein, Gärtnerstraße 18A, 20253 Hamburg

ISBN 978-3-00-059764-0

Texte: Tanja Breukelchen (www.breukelchen.de)
Lektorat: Thomas Röbke (www.thomasroebke.de)
Gestaltung: Dirk Bartos (www.bartoskersten.de)
Lithografie: Lorenz Obenhaupt (www.ops-medien.de)

Fotografie: Axel Martens (www.axelmartens.de)

Bildnachweis der davon abweichenden Bilder: Seite 43,
68 und 73 privat, Seite 84 Globetrotter Lodge, Seite 89
Globetrotter Lodge und privat, Seite 90 Erlebnisbahn
Ratzeburg, Seite 94/95 Erlebnisbahn Ratzeburg, Seite 117
Camping Seehof, Seite 118 Torhaus Panker, Seite 119 Wein-
gut Ingenhof, Jens König für Tourismus Agentur Schleswig
Holstein, Seite 120 Andrea Flak für Beach Motel Heiligen-
hafen, Seite 121 DJH-Landesverband Nordmark e.V. (2),
Seite 126 Arne Weychardt, Seite 130 und 134 privat.

Druck: www.ops-medien.de

Schlafen und Staunen

In Koffern, Katen und Kojen

Ungewöhnliche
Übernachtungsmöglichkeiten
in Schleswig-Holstein

Inland und Ostseeküste

Tanja Breukelchen
mit Fotos von Axel Martens

Inhalt

07   Vorwort: Wieder auf Tour
10   Kompakt: Schleswig-Holstein

12   Glamping und Abenteuer
14   **Arche Warder:** Nachts im Wildpark
26   **Breiholz:** Schlummern im Hausboot
30   **Waabs:** Mit den Füßen im Sand
40   **Eutin:** Entspannung im Holzfass

44   Romantisch und historisch
46   **Gunneby:** Träume mit Auszeitwagen
58   **Gelting:** Zum Tee im Schloss
68   **Lübecker Ganghaus:** Zeitreise auf drei Etagen
76   **Grube:** Naturnah im Bio-Stranddorf

82   Cool und außergewöhnlich
84   **Hüttener Berge:** Glamping am Zauberberg
90   **Schmilau:** Schaukelschlafen im Koffer
96   **Heiligenhafen:** Kuschelkoje mit Meerblick
102 **Pelzerhaken:** Hawaii am Ostseestrand
108 **SPEZIAL Sleeperoo:** Unsere Nacht im Schwimmbad

114   Infos und Service
116 Noch mehr außergewöhnliche Übernachtungsorte
122 Entdecken: Tiere und Natur
126 Erleben: Kultur zwischen den Meeren
130 Erfahren: Städtetrips – Cool auf Tour
134 Erlesen: Literatur für jeden Ort
138 Genießen: Restaurants und Cafés
145 Hilfreiches: Adressen, Links und Blog

Wieder auf Tour

— Die Idee entstand am Ostseestrand. Da stand ein Schlafstrandkorb: kuschelig, cool und mit freier Sicht aufs weite Meer. Und ich dachte mir: Da willst du jetzt sofort rein und darin die Nacht verbringen. Vielleicht vorher noch ein Fischbrötchen und etwas zu trinken kaufen, einen warmen Schlafsack organisieren und ein gutes Buch.

Die Idee war so außergewöhnlich wie naheliegend. Warum war das nicht längst schon jemandem eingefallen? Bei der Recherche ergab sich noch viel mehr: Fantasievolle Übernachtungsmöglichkeiten wie Wood-Lodges, Fässer, Baumhäuser, Jurten, Zirkuswagen, Hausboote, aber auch Themenhotels, Jugendherbergen an historischen Orten und Ferienwohnungen in landestypischen Gebäuden wie Mühlen, Leuchttürmen oder Almhütten boomen. Im Ausland schon seit vielen Jahren. Bei uns in Deutschland noch nicht ganz so lange.

Warum? Eigentlich liegen die Erklärungen so nahe: Durch den demografischen Wandel gibt es heute immer mehr ältere, aber durchaus noch rüstige Menschen. Darunter auch viele Camper, die ihr altes Hobby nicht aufgeben oder es neu entdecken wollen, sich aber über mehr Komfort freuen. Glamping – „glamouröses Camping" – ist für sie die perfekte Alternative, genau wie fantasievolle Hotelkonzepte, kultige Herbergen oder romantische Orte.

Noch ein Grund ist die allgemeine Weltlage. Der Trend geht bei vielen Urlaubern dahin, im Lande zu bleiben. Hinzu kommt ein gesellschaftlicher Wandel: Gerade Menschen, die schon überall waren, geht es beim Reisen irgendwann nicht mehr um Entfernung, sondern um Erfahrung. Sie wollen Neues entdecken, wieder „analoger" sein, zurück in die Natur und sich selbst finden. Hygge, der dänische Begriff für eine besondere Gemütlichkeit, lässt grüßen. Gepaart mit ganz viel Fantasie, Leidenschaft und Abenteuer.

Um alles das einmal zu testen, fuhren meine Tochter und ich einfach los. Zuerst durch Nordrhein-Westfalen. Daraus entstand das Buch „Im Fass und unter Sternen – eine Reise zu den ungewöhnlichsten Übernachtungsmöglichkeiten in Nordrhein-Westfalen". Und spätestens da hatte es unsere Familie gepackt.

Die besten Abenteuer erlebt man gleich vor der eigenen Haustür. Wir fuhren los und entdeckten außergewöhnliche Orte zum Übernachten – von einer Hütte im Tierpark bis zum romantischen Auszeitwagen (Foto oben) an der Schlei

Wir spürten: Wer diese außergewöhnlichen Ideen hat, wer Baumhäuser baut, sein Herzblut in ungewöhnliche Hotelkonzepte steckt, wer sich von abgefahrenen Trends inspirieren lässt, Zirkuswagen, Zelte oder Jurten organisiert oder uralte Gebäude in mühevollster Arbeit wieder restauriert, der hat fast immer auch etwas erlebt und viel zu erzählen. So waren es nicht nur die Orte, sondern auch die Menschen und ihre Geschichten, die wir kennenlernen wollten.

Bei der Suche nach ausgefallenen Übernachtungen in Schleswig-Holstein hatten wir eigentlich vor, das ganze Bundesland zu bereisen. Doch bald merkten wir, wie unterschiedlich Nord- und Ostseeküste sind. Also entschieden wir uns, die Tour zu teilen und daraus zwei Bücher zu machen. Begonnen haben wir mit der Ostseeküste und dem Landesinneren. Zuerst fuhren wir im Sommer los: nach Warder, dann weiter zur Eider und zur Schlei hinauf, von Gelting zurück dann die Küste entlang, über Waabs weiter in die Holsteinische Schweiz und hinüber zu den Lauenburgischen Seen. Und weil wir immer mehr solcher Orte fanden, die wir unbedingt für dieses Buch entdecken wollten, sind wir im Winter noch einmal losgefahren: über Lübeck nach Heiligenhafen, hinüber nach Fehmarn und zurück in die Lübecker Bucht.

Was dabei entstand, ist ein Reiseführer abseits des Mainstreams. Keine Anhäufung von Orten. Keine Beschreibung von Hotels, die wir nicht selbst gesehen und erlebt haben. Keine vorgeplanten Freizeitparks. Keine künstlichen Welten. Wir wollen eintauchen. Gemeinsam eigene Abenteuer erleben, fantasievolle Orte entdecken, Menschen kennenlernen und Geschichten erzählen. Journalistisch, reportagig, subjektiv und überraschend. Dazu gibt es Adressen, Ideen, viele eigene Erfahrungen, aber auch Literaturtipps und Web-Links.

Apropos Web: Damit auch kleine Entdeckungen immer sofort erzählt und Neuigkeiten ergänzt werden können, gibt es ab sofort auch einen Blog zum Buch: www.schlafenundstaunen.de. Darin finden Sie auch Tourenvorschläge und Tipps rund um ungewöhnliche Übernachtungen und außergewöhnliche Orte. Es ist fast ein kleines Urlaubsmagazin im Netz.

Also: Nutzen Sie unsere Ideen und Adressen, unsere Tipps und Touren, um ihren ganz eigenen Weg entlang Schleswig-Holsteins Ostseeküste zu planen. Wollen Sie lieber Abenteuer? Oder romantische Katen? Wollen Sie auf coole Leute treffen oder lieber auf die totale Einsamkeit? Lieber Spaß für die Kinder suchen oder die eigene Abenteuerlust stillen? Vielleicht eine Mischung aus allem? Gehen Sie auf Entdeckungstour! Zuerst auf den nächsten Seiten und dann im echten Leben – mit Strand unter den Füßen, Salz auf der Haut, Meeresrauschen in den Ohren und dem Wind im Gesicht.

Gute Fahrt!

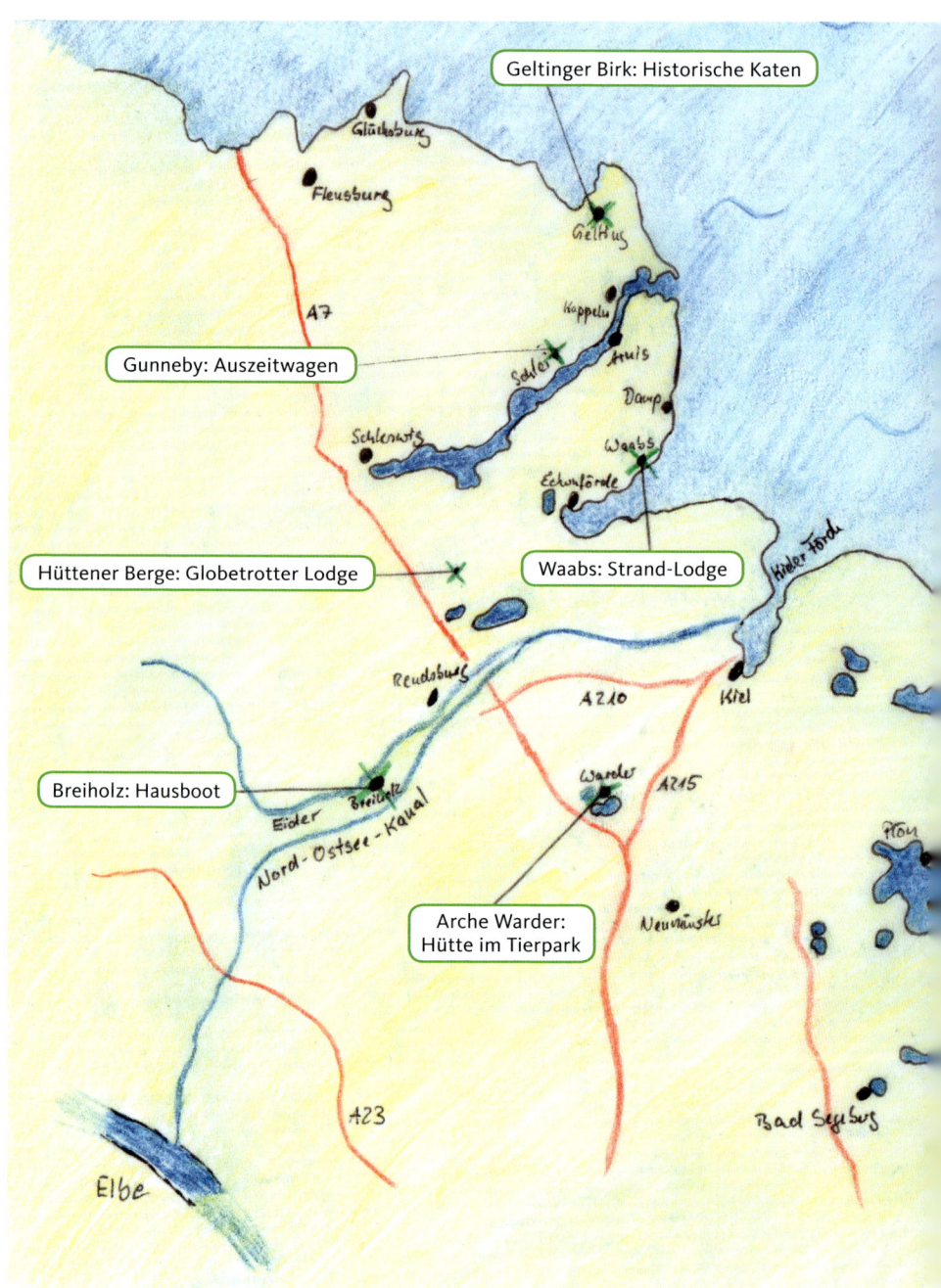

Geltinger Birk: Historische Katen

Gunneby: Auszeitwagen

Hüttener Berge: Globetrotter Lodge

Waabs: Strand-Lodge

Breiholz: Hausboot

Arche Warder: Hütte im Tierpark

Glücksburg
Flensburg
47
Geltius
Kappeln
Arnis
Schlei
Damp
Schlenarts
Waabs
Eckernförde
Kieler Förde
Rendsburg
A210
Kiel
Warder
A215
Eider
Breiholz
Nord-Ostsee-Kanal
Neumünster
Plön
A23
Bad Segeberg
Elbe

Schleswig-Holstein

Lage: hoch im Norden
Einwohner: 2,8 Millionen
Landeshauptstadt: Kiel
Landesfläche: 15.799 Quadratkilometer
Touristen: mehr als sieben Millionen jährlich
Seen: rund 300
Ostseeküste: 536 Kilometer Küstenlinie (davon 137 km Schlei, 71 km Insel Fehmarn und 328 km Festlandsküste)
Radwegenetz: 15.500 Kilometer lang
Probieren: Birnen, Bohnen und Speck – Kieler Sprotten – Holsteiner Katenschinken – Matjes – Schnüüsch – Rübenmus – Rote Grütze
www.schleswig-holstein.de

Heiligenhafen: Bretterbude

Grube: Biodorf

Eutin: Holzfass

Pelzerhaken: Kailua Lodge

Lübeck: Ganghaus

Schmilau: Kofferhotel

Kunterbuntes Glück: Zirkuswagen und Schäferwagen – wie hier am Strand von Waabs – wecken Abenteuerlust und sind doch kuschelig und komfortabel

Glamping und Abenteuer

Besuch vom Pony:
Unsere kleine Holzhütte
in der Arche Warder

Naturpark Westensee

Arche Warder: Nachts im Wildpark

— Es soll ja Leute geben, die davon träumen, einmal eine Nacht im Kaufhaus zu verbringen. Oder im Museum. So von abends bis morgens stöbern, ausprobieren, alles einmal in Ruhe testen. Ich fand das nie so spannend. Hätte man mich bis vor Kurzem gefragt, wo ich gerne mal die Nacht über eingesperrt sein möchte, hätte ich mich für einen Buchladen entschieden. Schön groß, möglichst mit einem bequemen Sofa. Nur die Bücher und ich. Nur lesen, nur stöbern. Dann aber entdeckte ich im Internet etwas anderes: Der Tierpark Arche Warder, zwischen Wardersee und Brahmsee unweit der Autobahn A7 gelegen, bietet Übernachtungen an. In kleinen Holzhütten kann man dort die Nächte verbringen. Fast alleine mit rund 1000 Tieren.

Es ist Tag 1 unserer Tour durch Schleswig-Holstein. Unser Kofferraum ist voll. Ganz oben liegt griffbereit die Provianttasche, denn für heute ist klar, dass wir unter freiem Himmel picknicken werden. Das Restaurant in der Arche Warder hat Ruhetag. Die Sonne scheint und wir machen erst einmal Strecke. Über die A7, immer weiter weg von Hamburg. Mächtige Hochspannungsleitungen, wie es sie in der Stadt längst nicht mehr gibt. Weite Felder. Die Landschaft ziemlich flach.

Meine Tochter durchwühlt ihr fahrendes Kinderzimmer. Eine Tasche, die man ganz praktisch neben ihr anschnallen kann und die vollgepackt ist mit Spielen für unterwegs. Ihr „Wann sind wir endlich da-ha?" ertönt deshalb erst sehr spät. Da tickt bereits der Blinker und wir fahren von der Autobahn ab. Durch ein Dorf. Dann durch eine einsame Landschaft. Hübsch ist es hier.

Von der Rückbank kommt ein vorwurfsvolles „Du hast dich verfahren." – „Nein, habe ich nicht. Das kommt jetzt gleich. Hinter der Kurve." Und nur zu mir selbst: „Hoffe ich."

Die Arche Warder liegt recht versteckt, was daran liegen dürfte, dass die wenigen großen Stallungen rund um das Eingangsgebäude verteilt sind. Der Rest ist ein riesiges Gelände, auf dem man einfach umherstreifen kann. Mit hölzernem Bollerwagen, wer mag. Ein Ort zum Entdecken. Ein Areal auf 40 Hektar mit Platz für mehr als 80 Tierrassen. Meist alte, vom Aussterben bedrohte Haustierrassen, die man manchmal erst auf den zweiten Blick erkennt.

„So sieht doch kein Schwein aus!", sagt meine Tochter stirnrunzelnd und deutet auf ein etwas knuffeliges, puscheliges und dickbäuchiges Exemplar, das sich zu unserer Überraschung gerade kopfüber und begeistert grunzend in einen See stürzt. – „Guck mal, es kann schwimmen!"

Das Schwein taucht mit einem Schmatzer wieder auf, paddelt geschickt mit seinen dicken Beinchen und wuchtet sich unter den anerkennenden Blicken einiger Gänse wieder an Land.

Auf einem Schild neben dem Gehege steht „Turopolje-Schwein". Und da wird auch seine Begeisterung fürs Wasser erklärt: Die aus Kroatien stammenden Hausschweine lebten ursprünglich in den Save-Auen und passten sich dieser Umgebung an. Darum können sie nicht nur schwimmen, sondern auch saugut tauchen, unter anderem nach Wasserpflanzen oder – wie in diesem Fall – Äpfeln, die Besucher ins Wasser geworfen haben. Ihre dicke Speckschicht schützt die Tiere außerdem vor Kälte. Turopolje-Schweine sind zäh und anpassungsfähig. Und mögen für ihr Schweineleben gern Äpfel.

Wir gehen weiter. Kommen an einem großen Streicheltiergehege vorbei, an einem kleinen Spielplatz und gehen dann über eine Brücke, auf der eine etwas aufgeregte Gans steht. Wie ein Wachhund. Ich ignoriere sie. Noch ein kleiner, schmaler Weg und wir sehen unsere Hütte. „Süüüß!", ruft meine Tochter und rennt los. An einem Spielhaus in Form einer Arche vorbei und auf die fünf winzigen Nur-Dach-Hütten zu, von denen die rechte für uns reserviert ist. Davor liegt ein großer Grillplatz mit vielen Tischen und Bänken unter alten Bäumen. Zweimal laufen wir den Weg noch. Laden einen hölzernen Bollerwagen bis oben hin voll. Balancieren unseren wunderbaren Picknickkorb. Und räumen dann die Hütte ein, in der lediglich ein paar Matratzen liegen.

„Gemüüütlich!", ruft mein Kind und hopst auf und ab. Ich finde das auch, inspiziere allerdings die Wände und vor allem die Doppeltür nach möglichen Löchern. Die Vorstellung, in der Nacht von einem grunzenden Tauchschwein, einem plüschigen Poitou-Esel oder einem freundlichen schottischen Hochlandrind besucht zu werden, lässt mich komplett gelassen. Aber Mäuse... Ich mag einfach keine Mäuse. Ab einer bestimmten Größe – oder besser Nicht-Größe – werden mir Tiere unheimlich. Klein und krabbelig. Flutschig und unberechenbar. Deshalb bringe ich erst einmal alles Essbare in der an den Grillplatz angrenzenden Gemeinschaftsküche in Sicherheit. Danach beziehe ich die Matratzen, breite darauf unsere Schlafsäcke aus und decke draußen den Tisch. In einer Stunde wollen wir uns mit Stefanie Klingel treffen, der Tierpark-Pädagogin. Bis dahin wollen wir erst einmal ankommen und auf der großen Wiese unter freiem Himmel zu Mittag essen.

Sonnenschein. Ab und an blökt ein Schaf. Familien kommen vorbei, betrachten neugierig unseren mit Dosensalaten und haltbarem Brot, mit frischem Obst und Säften gedeckten Tisch und gucken sich die kleinen Hütten an. Dann kommt auch Stefanie Klingel zu uns. Anfang 40 ist sie, zierlich und mit einem fröhlichen Lächeln. Seit zehn Jahren arbeitet sie in der Arche Warder, hatte zuvor Pädagogik studiert, aber nie Lust in der Schule zu arbeiten. „Ich wollte immer etwas mit Tieren und Menschen machen", erzählt sie und geht mit uns los, zuerst einen schmalen Wanderweg entlang. „Dann sah ich irgendwann die Stellenanzeige, dass die Arche Warder eine Tierparkpädagogin sucht und bewarb mich sofort. Es ist sehr vielfältig hier." Da sei einerseits das Ziel der Arche, alte Haustierrassen zu erhalten, andererseits aber auch die tägliche Begegnung von Mensch und Tier. Gutes – für beide.

Es sei einfach nicht mehr selbstverständlich, dass Kinder hinaus in die Natur gehen. Dass sie laufen und springen. Wild sein dürfen. Dass sie Tiere streicheln, über Zäune klettern und in Ställen Verstecken spielen. „Es gibt Kleinkindgruppen, da ist es einfach nur wichtig, dass die Kinder überhaupt mal ein Tier anfassen können. Viele wissen gar nicht, wie sich ein Schwein oder eine Gans anfühlt. Das hat gar nichts damit zu tun, ob die Kinder in der Stadt oder auf dem Land wohnen. Oft werden sie einfach nur vor dem Fernseher oder dem Computer geparkt."

Wenn die Kinder dann in die Arche Warder kommen, passiere manchmal Überraschendes, Rührendes. „Wir machen mit ihnen Tierbegegnung. Lassen sie einfach mal Federn, Wolle oder Hörner anfassen. Viele werden dann ganz ruhig." Oder es kommen Schulklassen, denen die Tiere überraschend gut tun: „Häufig rufen uns Lehrer an und sagen, sie kommen mit einer ganz schwierigen, unruhigen Klasse vorbei. Dann gehen wir zum Beispiel zu den Schafen und sagen den Schülern: ‚Ihr müsst ruhig sein, ihr müsst geduldig sein, nur dann kommen die Schafe zu euch.‘ Die Lehrer sind dann immer ganz erstaunt, wie ruhig und diszipliniert ihre Klasse auf einmal sein kann. Das kann sie nämlich, wenn sie auch wirklich einen Sinn darin sieht."

Das sei aber nicht alles, erklärt Stefanie Klingel und zeigt auf ein paar friedlich die Sonne genießende Schweine. „Es gibt auch ganz anspruchsvolle Projekte. Zum Beispiel kommen Studenten der Tierärztlichen Hochschule zu uns. Dann geht es darum, die unterschiedlichen Rassen auch gesundheitlicher Art zu erklären oder auszuführen, was diese alten Rassen auch tiermedizinisch besonders macht." Zäh sind sie. Und nicht so leicht aus der Ruhe zu bringen wie ein nervöses Masttier im Stall.

Wichtig seien auch Begegnungen, die tiefer gehen als ein bloßes Kennenlernen von Kind und Haustier. Begegnungen, die helfen. Berührungen, die heilen. „In den Strohpavillon in unserem Eingangsbereich haben wir schon häufig schwerst Mehrfachbehinderte gelegt. Dann haben wir ihnen ein Tier

Ponys streicheln, reiten, Natur erkunden. Der Tierpark
Arche Warder ist der perfekte Ort für Familien mit Kindern.
Und wenn der Park abends schließt – ab in die Holzhütten!

18

in den Arm gegeben, ein Kaninchen oder ein Lamm. Das war unglaublich positiv für sie, so ein lebendiges Wesen so ganz dicht bei sich zu haben."

Wir laufen einen Pfad zwischen zwei Weiden entlang. Wir sehen Tiere, die wir zu kennen glauben. Und die doch anders aussehen. Irgendwie. Da sind die Fjällrinder und die Murnau-Werdenfelser-Rinder mit Puschelhaaren auf dem Kopf. Die wolligen schottischen Hochlandrinder. Strubbelige Tiroler Steinschafe, ungarische Zackelschafe mit lustig geschwungenen Korkenzieherhörnern, Rauhwollige Pommernschafe, seltene Schwedische Linderöd-Schweine, Thüringerwald-Ziegen oder Angler Sattelschweine. „Unser Schwerpunkt liegt auf Europa", erklärt Stefanie Klingel. „Viele der Tierrassen haben etwas in ihrem Namen, das auf eine europäische Landschaft oder einen Landstrich hinweist. Pommerngänse zum Beispiel. Man merkt, dass diese Rassen eine lokale Bedeutung hatten, denn früher waren drei Dinge für die Zucht enorm wichtig: Futter, Klima und Robustheit. Das Futterangebot musste vor Ort sein, große Futtermittelimporte gab es nicht. Die Tiere mussten zum Klima passen, weil sie überwiegend draußen standen. Und sie mussten robust sein, über eine gute Grundgesundheit verfügen. Denn es gab noch kein dichtes Netz von Tierärzten und so war es unüblich, für jedes gesundheitliche Problem einen zu rufen. Die heutigen Hochleistungsrassen geben viel mehr Milch, erfordern aber auch sehr viel Management. Der Tierarzt ist fast jede Woche da, das Futter muss sehr gut sein. Unsere Tiere sind eher Low-Management. Sie liefern nicht so viel, man steckt aber auch nicht so viel rein."

Liebhaber seien es, die solche alten Rassen heute noch züchten. „Schau mal, da drüben kannst du ausprobieren, ob du so gut klettern kannst wie unsere Ziegen", sagt Stefanie Klingel zu meiner Tochter. Die klettert und balanciert sofort los. Überall im Gelände sind kleine Spieleinheiten aufgestellt. Langweilig wird es da nie. Egal ob in bestimmten Gehegen, die man zum Streicheln und Spielen betreten darf. Oder beim Ausprobieren und Lernen. Erst recht nicht beim Herumtollen, wenn man auf den insgesamt rund drei Kilometern Wanderwege entlang der in die Landschaft eingebetteten Weiden läuft. „Uns ist artgerechte Haltung ganz wichtig", erklärt Stefanie Klingel. „Wir wollen, dass die Menschen ein Gefühl dafür bekommen, wie viel Platz so ein Tier idealerweise hat. Nur so kann man auch sehen, welche Verhaltensweisen zu den Tieren gehören. Bei den Schweinen zum Beispiel das Wühlen in der Erde, und dass sie sich Schlafnester bauen. Die wenigsten Leute wissen, dass Schweine das machen. In einem gewöhnlichen Stall haben sie gar nicht die Gelegenheit dazu."

Auch die Bäume auf dem Gelände sind alte Sorten. Wir suchen Äpfel, die wir gleich den Tauchschweinen zuwerfen wollen. Dabei beobachten uns stämmige Pferde. Gemütliche Warmblüter. „Das Alt-Oldenburger Pferd, das ist die Elli", stellt Stefanie Klingel uns einander vor. „Ein Pferd, das man früher vor die Kutsche gespannt hat. Heute werden sie durch Vollbluteinkreuzungen veredelt. Das Braune dahinten ist ein Posavina."

Vom nächsten Gehege ertönt lautes Grunzen. „Hier ist das Schweineland", sagt Stefanie Klingel, reißt ein paar Haselnussblätter ab und füttert damit Sirius, den Deckeber. „Schweine sind Allesfresser. Das wollen wir den Besuchern auch zeigen: dass Schweine in ihrer ursprünglichen Form mit Nahrungsmitteln gefüttert wurden, die Menschen übrig hatten und gar nicht essen können, wie zum Beispiel Gras und Heu. Das ist nämlich der Unterschied zu heute, wo Nutztiere wie Schweine und Rinder ja mit Futter wie Soja oder Mais gefüttert werden, die Menschen ebenso gut direkt essen könnten. Deshalb ist es ja auch umstritten, Fleisch zu essen. Wenn man es aber in der urtypischen Weise sieht, essen die Schweine und Rinder das, was wir Menschen gar nicht verdauen könnten. Oder Reste."

Damit erklärt sich auch, warum Fleisch der eigenen Tiere im Restaurant der Arche Warder auf der Speisekarte steht: „Die Tiere, die geboren werden, können wir gar nicht alle behalten. Bei den Schweinen zum Beispiel ist es so: Meist sind nur zwei oder drei der Ferkel für die Zucht geeignet. Die behalten wir, verkaufen sie oder tauschen sie. Alles, was nicht für die Zucht geeignet ist, kommt ins Restaurant, denn wir sagen ‚Schützen durch Nutzen'. Das mag zuerst etwas komisch erscheinen, aber wir möchten eben auch, dass die Leute bewusster Fleisch essen und wieder einen Bezug herstellen zwischen Tier und Teller."

Nach dem Zweiten Weltkrieg habe es angefangen mit dem massiven Schwund alter Haustierrassen: „Plötzlich wurden sehr viele dieser regionalen Rassen gegen hochgezüchtete ausgetauscht. Damit verschwand auch die traditionelle Art der Tierhaltung."

Unser Spaziergang endet an einem kleinen Dorf mit merkwürdigen alten Häusern und äußerst freundlichen kleinen Schafen. Eine Steinzeitsiedlung, in der Geschichte lebendig wird. Mein kleines Mädchen entdeckt alte Vasen und Töpfe, merkwürdige Inneneinrichtungen, fühlt in einer Hütte den blätternden Lehm und schaut in eine runde Kammer, die um 3200 v. Chr. als Kühlschrank gedient haben mag. Und sie entdeckt die Schafe, die sich begeistert streicheln und füttern lassen. „Die Steinzeitsiedung soll helfen zu verstehen, dass unsere gesamte heutige Kultur auf der Landwirtschaft basiert. Und bei uns im Norden vor allem auf der Tierhaltung. Deswegen wollten wir hier exemplarisch zeigen, wie der allererste Bauernhof in Schleswig-Holstein ausgesehen haben könnte. Alles das, was wir heute für selbstverständlich halten, fußt darauf. Ob es unsere Berufe sind. Ob es die Getreideprodukte sind, die wir zum Frühstück essen. Oder dass wir Autos fahren. Viele Dinge haben darin ihre Wurzeln, dass der Mensch irgendwann

Glückliche Grunzer: Die Turopolje-Schweine sind an überschwemmte Gegenden angepasst und können sogar schwimmen und tauchen

Die Hütten liegen gleich hinter der Koppel der Poitou-Esel (unten)

sesshaft und zum Bauern wurde. Schon kleinen Kindern kann man gut erklären, wie wichtig die Haustiere für unser gesamtes Leben waren und noch immer sind. Das alles wollten wir nicht nur auf ein Schild schreiben, sondern ein kleines Bauerndorf nachbauen. Und eines der Häuser haben wir extra unvollendet gelassen, damit man mit den Kindern weiterbauen kann."

Wir klettern auf einen Aussichtsturm, entdecken ein altes Bett und eine Feuerstelle. Wir rutschen einen Hang hinunter. Klettern, kraxeln, tollen herum. Auf dem Weg zurück zu unserer Hütte fragt Stefanie Klingel etwas besorgt, ob wir denn auch wirklich warme Schlafsäcke haben: „Es soll diese Nacht schon sehr kalt werden. Aber die Nächte hier im Park sind auch wunderschön. Man hört die Tiere. Auch die Schweine, die furchtbar schnarchen. Und man hat ab dem Abend den ganzen Park für sich alleine."

Darauf freuen wir uns. Nach dem Abschied von Stefanie Klingel, die gleich Feierabend macht und sich auf ihre warme Wohnung und ihr warmes Bett freut, gehen wir in unsere Hütte – und bekommen leichte, wirklich nur ganz leichte Zweifel. Der Himmel ist bewölkt. Der Schatten hat die Hütte schon etwas abgekühlt. Außerdem ist die Toilette ein ganzes Stück entfernt. Auf dem Weg dorthin stand die Gans. Ihr wollte ich auch nicht gerne in der Dunkelheit begegnen.

Um uns abzulenken – und aufzuwärmen – packen wir erneut unseren Bollerwagen. Polstern ihn aus mit einer Kuscheldecke und Jacken. Dazu legen wir Picknick: Säfte, Brote und Knabberzeug. Und dann machen wir unsere ganz eigene Entdeckungstour. Vorbei an den wunderbar puscheligen Poitou-Eseln mit ihren großen Wackelohren, vorbei an Rindern, Schweinen und dann über einen romantisch durch die Au geschwungenen Holzsteg hinauf zur Aussichtsplattform, die noch warm in den letzten Strahlen der Abendsonne liegt. Und während mein Kind einen umgefallenen Baum erklettert, darauf Pferd und darunter Höhle spielt, sitze ich auf einem hölzernen Liegestuhl – erschöpft, glücklich und genau am richtigen Ort.

Dann der Rückweg. Bei den Schafen vorbei, noch einmal mit einem Abstecher ins Steinzeitdorf und dann zurück zur Hütte. Die liegt da plötzlich richtig kuschelig in der Dunkelheit. Zwischen all den abendlich grunzenden, schnarchenden und schmatzenden Tieren. Zwischen Wiesen, Auen und hölzernen Ställen. Wir verzichten aufs Waschen. Ziehen uns mehrere Kleidungsschichten übereinander an. Und kriechen in unsere Schlafsäcke. Eng aneinander gekuschelt schlafen wir ein. Ohne Mäuse. Ohne Angst. In absoluter Stille, die nur hin und wieder durch ein Tiergeräusch unterbrochen wird. Schlafen wie Steine. Schlafen tief und fest und lange. Erst die Morgensonne, die durch die Ritzen der Hütte fällt, schafft es, uns zu wecken.

Neugierig öffnen wir die Tür. Noch immer ist der Tierpark menschenleer. Die ersten Besucher kommen erst in über einer Stunde. Wir packen unser Waschzeug, laufen den Weg entlang, begrüßen die Gänse, füttern die Schweine mit Äpfeln und werden dann vor den Duschräumen von einer kleinen schwarzen Katze empfangen. Die Duschen sind sauber, das Wasser prasselt warm auf uns herab. Auf dem Rückweg zur Hütte treffen wir Stefanie Klingel, deren Arbeitstag gerade beginnt. „Und? War es sehr kalt?", möchte sie wissen. „Ich stand gestern Abend auf meinem Balkon und musste an Sie beide denken – war ja doch schon überraschend kalt für die Jahreszeit." Wir schütteln die Köpfe, sagen: „Nein. Es war wunderbar!" Und laufen zurück zur Hütte.

Ein drittes Mal packen wir den Bollerwagen, frühstücken noch rasch ein Müsli und ziehen dann quer über die Wiesen zurück zum Auto. Zum Abschied sucht sich mein Mädchen im Laden der Arche noch eine Tierfigur und eine Postkarte mit einem Poitou-Esel aus. „Für Papa", sagt sie und läuft zum Auto, kriecht auf ihren Kindersitz und schaut neugierig aus dem Seitenfenster.

Auf zum nächsten Reiseabenteuer. Auf zu einem Hausboot auf der Eider.

Kontakt
Arche Warder Zentrum für alte Haus- und Nutztierrassen e.V.
Langwedeler Weg 11, 24646 Warder
Telefon: 04329 9134-0
E-Mail: info@arche-warder.de
www.arche-warder.de

Holzhütten
Die fünf Hütten mit je zwei bis fünf Schlafplätzen liegen mitten im Park und sind einfache Holzhütten ohne Heizmöglichkeit oder Einrichtung. Eine kleine Selbstversorger-Küche ist in der Nähe, außerdem Toiletten und Duschen. In den Hütten werden Matratzen mit Laken ausgelegt. Mitbringen: Kopfkissen, Decken, Schlafsack und eine Taschenlampe! Kosten: Erwachsene: 20 Euro pro Nacht, Kinder: 10 Euro (Eintritt in den Tierpark inbegriffen).

Tierparkpädagogin Stefanie Klingel mit einer verschmusten Tarpan-Stute

Gleich zwei Terrassen
haben die Hausboote auf
der Eider: eine zum Wasser,
eine auf dem Dach

Breiholz: Schlummern im Hausboot

— Unser Weg führt uns weiter zur Eider. Zu einem Hausboot, auf dem wir die nächste Nacht verbringen möchten. Wir wollen Autobahnen meiden, entscheiden uns darum gegen den Weg über Rendsburg und die A7. Stattdessen tuckern wir über die Dörfer, sehen weite Felder und schöne alte Bauernhöfe. Vor Jevenstedt biegen wir links auf die B77 ab, eine Schnellstraße, dann rechts auf die Dorfstraße, die an der Breiholzer Fähre endet.

Ein wenig müssen wir warten, sehen dabei aber zu, wie die kleine Fähre brav von Ufer zu Ufer hin und her schippert, um immer ein paar wenige Autos und viele Radfahrer auf die andere Seite des Nord-Ostsee-Kanals zu bringen. Die zwischen 1887 und 1895 erbaute, knapp 100 Kilometer lange Wasserstraße verbindet die Nordsee mit der Ostsee, beginnt an der Elbmündung bei Brunsbüttel, endet an der Kieler Förde bei Kiel-Holtenau und ist mit jährlich rund 30.000 Schiffen die meistbefahrene künstliche Wasserstraße für Seeschiffe weltweit.

Die Ampel springt erneut auf Grün und endlich sind wir mit dabei. Die Überfahrt geht schnell und ist, wie überall am Kanal, kostenlos. Schaukelt auch nicht. Auf der anderen Seite fahren wir weiter über die Fährstraße und hätten fast die Einfahrt verpasst und bereits die Brücke über die Eider passiert. Von der Straße aus sieht man nämlich erst im letzten Moment das Restaurant mit dem kleinen Campingplatz, die dicken Holzfässer und die zwei Hausboote, die am Eiderufer festgemacht sind. Wir holen die Schlüssel und gehen einen kleinen Hang hinunter. Meine Sorge, die nächsten Stunden in Habachtstellung verbringen zu müssen, damit mein Kind nicht in die Eider fällt, bestätigt sich nicht. Die beiden kleinen Hausboote, die da so sanft im Wasser schaukeln, sind rundum sicher mit einem Balkon vom Wasser getrennt.

Sie heißen Stina und Märta. Stina ist grau, Märta ist rot – und für uns reserviert.

Über einen kleinen Steg geht es zur Haustür. Zuerst stehen wir in einem kleinen Flur, von dem es links in ein maritim-gemütlich eingerichtetes Schlafzimmer geht. Geradeaus steht in der Verlängerung des Flures eine kleine, gut ausgestattete Küchenzeile. Ihr gegenüber geht es in ein geräumiges Duschbad. Und geradeaus öffnet sich das große Wohnzimmer: mit hellem Esstisch und Stühlen, Schlafsofa, Sesseln, Tisch, Fernseher und Schrank.

Alles ist hell. Auf allen drei Seiten zur Eider hin sind riesige Fenster. Das Hausboot ist wie ein richtiges kleines Haus. Außerdem hat es gleich zwei Terrassen mit Esstisch und Liegestühlen. Die eine geht vom Wohnzimmer aus hinaus, die andere ist auf dem Dach und über eine steile Leiter zu erreichen, die direkt neben der Haustür die Bootswand hinauf geht. Von dort aus hat man einen weiten Blick hinüber zum Ufer, über Wiesen und Felder. Man sieht in der Ferne kleine Bauernhöfe. Und hinter sich das Restaurant „Bootsmann" und den Campingplatz, der neben den beiden Hausbooten noch eine weitere Glamping-Attraktion hat: ausrangierte Rumfässer, in denen man schlafen kann. Nicht ganz so komfortabel wie unser Hausboot, dafür aber ideal für eine rasche Übernachtung, zum Beispiel wenn man mit dem Fahrrad die Eider entlang unterwegs ist.

Es gibt am Fluss eine Badestelle. Außerdem kann man oben im Restaurant herrlich auf der Terrasse sitzen und die Aussicht genießen und Kuchen oder Pizza essen. Wir allerdings wollen das Boot genießen. Probieren alles aus, klettern die Leiter hinauf, entscheiden uns dann aber für ein Abendessen auf der Terrasse gleich neben dem Wohnzimmer.

Wir kochen Nudeln und setzen uns auf die Gartenstühle, schauen aufs Wasser und unterhalten uns von Terrasse zu Terrasse mit unserem Nachbarn. Einem allein reisenden älteren Herrn, der sich einfach mal ein paar Tage Auszeit auf dem Boot gönnt. Oben in den Rumfässern zieht eine Familie ein. Und gleich neben den Hausbooten treffen sich drei ältere Paare auf einem privaten Boot und machen einen abendlichen Ausflug über die Eider.

Der Fluss, der da so ruhig liegt und über den immer mal wieder kleine Boote oder Kanus hinüberziehen, war einmal mit 188 Kilometern der längste Fluss in Schleswig-Holstein. Dann wurde der Nord-Ostsee-Kanal gebaut, der den Eiderlauf östlich von Rendsburg unterbrach. Von 811 bis 1864 war die Eider mit kurzen Unterbrechungen die Südgrenze von Dänemark. Am Abend schimmert die Sonne aufs Wasser. Und wir bekommen unerwarteten Besuch: Ein schwarzer Schwan schaut neugierig durch die Fenster, schwimmt immer wieder um unser Boot herum.

Wir packen für den nächsten Tag, duschen heiß und schlafen tief und fest. Am Morgen entscheiden wir uns, nicht im Restaurant, sondern auf dem Boot zu frühstücken. Stärkung für die nächste Tour – in Richtung Schlei und dann hinüber an den Strand der Ostsee.

Die Boote vom Bootsmann sind ein Traum, die Einrichtung stilvoll und die Eider der beste In-den-Schlaf-schaukel-Fluss

Kontakt
Bootsmann
Fährstraße 1, 24797 Breiholz
Telefon: 04332 9964200
E-Mail: ahoi@bootsmann-lodge.de
www.bootsmann-lodge.de

Hausboot und Fässer:
Hausboot: Je nach Saison und Übernachtungsdauer zwischen 96 und 116 Euro pro Nacht. Mindestaufenthalt: 3 Nächte, Aufbettung für eine 3. und 4. Person: 15 Euro pro Nacht. Rumfässer: Je nach Saison und Übernachtungsdauer ab 35 Euro pro Nacht.

Afrika am Ostseestrand haben wir in der
Zelt-Lodge von Camp Langholz erlebt

Schwansen

Waabs: Mit den Füßen im Sand

— Auf der Fahrt erzähle ich meiner Tochter, dass ich als Kind genau an dem Ort, an dem wir gleich übernachten werden, auch einmal Urlaub gemacht habe – „mit Oma und Opa. Aber damals war das nicht so toll." Damals hatten wir ein Ferienhaus gemietet, das sich als umgebaute Garage entpuppte. Es gab ein winziges Klo-Kämmerchen, in dem Erwachsene zwischen Toilette und Waschbecken bei unüberlegten Bewegungen feststeckten. Außerdem flog uns ständig der Klorollenhalter von der Wand. Der Wirt im angrenzenden Restaurant war mürrisch und pfiff ununterbrochen durch die Vorderzähne. Einziger Lichtblick war ein kleines dunkles Pony, mit dem mich mein Vater jeden Tag spazieren führte. Damals muss ich ungefähr fünf Jahre alt gewesen sein. So wie meine Tochter jetzt.

Erinnern kann ich mich an nichts, als wir durch Waabs fahren. Ein kleiner Urlaubsort in Schwansen. Eine Landschaft im Norden Schleswig-Holsteins. Eine zwischen Schlei und Eckernförder Bucht eingebettete Halbinsel. Begrenzt von Kappeln im Nordwesten und Eckernförde im Süden.

Unser Ziel ist ein Campingplatz. Für mich eher ein Grund, skeptisch zu sein. Diese mit Wohnmobilen, Wohnwagen und Zelten zugebauten Strandabschnitte waren mir auch bei späteren Urlauben am Meer immer ein Graus. Inklusive ihrer Zäunchen, Blumentöpfchen und Gartenzwerge, den bierbäuchigen Platzhirschen und den die Blicke aufs Meer trübenden TV-Antennen.

Mein kleines Mädchen aber ist aufgeregt. Erstens, weil wir am Bahnhof in Eckernförde den Papa eingesammelt haben, der bei unseren Touren immer am Wochenende dazukommt. Zweitens, weil wir in einer Art Safarizelt übernachten werden. „Direkt am Strand", stand in der Beschreibung. Und das fand sie schon richtig spannend.

Zu dritt also fahren wir die kleine Straße in Richtung Waabs entlang. Niedliche Häuser. Immer wieder der Blick auf verschlungene Wege zwischen kleinen Hügeln, bunte Häuschen, Reetdächer und blauer Spätsommerhimmel.

Und dann ein Schild „Camp Langholz". Ein kleiner Parkplatz. Und irgendwie gleich so eine coole Stimmung. Und so ein cooler Typ: Christof Albrecht, der gerade mit seinem Morgenkaffee im Strandkorb sitzt und aufs Meer schaut. Blonde Haare, blaue Augen, sonnengebräunt, zufriedenes Lächeln. Er sitzt vor dem kleinen Café, dem „Strandräuber", an das gleich das „Proviantamt" angrenzt. Ein Kiosk für die Camper. Auf einem Holzschild werden unter dem Motto „Summer Of Love" Konzerte angekündigt. Es gibt Massageangebote. Echt kultige Campinggespanne. Hängematten. Relaxte Menschen. Spielende Kinder. Sommer. Gute Laune. – Hey, was für ein Campingplatz!

Christof Albrecht angelt nach einem Schlüssel. Wir laufen einen ausgewaschenen Weg entlang. Vorbei an einem roten Bauwagen, der ein bisschen an ein Schwedenhaus auf Rädern erinnert. Unser kleines Mädchen hüpft vorweg. Schaut gespannt hinter jede Ecke. Dann, am Ende des Platzes, eingeschmiegt an den letzten Strandabschnitt, stehen die Glampingobjekte. Darunter hölzerne, fünf Quadratmeter große Pods. Halbrunde hölzerne Höhlen, die ein wenig an Campingfässer erinnern und direkt am Strand stehen. Außerdem sind da knallbunte Zirkus- und Schäferwagen. Und es gibt sie: die Zelt-Lodge „Mare". Unsere Zelt-Lodge!

Wirklich nur zehn Meter vom Meer entfernt. Mit einer großen, überdachten Holzterrasse mit Tischen und Stühlen und einem gigantischen Blick aufs Meer. Wir ziehen die Zeltplane zur Seite und stehen in einer richtigen Ferienwohnung. Eine große Küchenzeile, eingerichtet mit allem, was eine fünfköpfige Familie für einen mehrwöchigen Urlaub gebrauchen könnte. Ein Campinggas-Ofen. Eine große Essecke mit einem langen Holztisch. Dahinter geht es in die Schlafräume. Ein Himmelbett und daneben ein separater Raum mit Hochbett und Einzelbett und kleinen Regalen. Und dann das Badezimmer: mit einer großen Dusche mit Regenschauerfunktion. Das ist purer Luxus. Stylisch und cool. Und doch hat man dieses Gefühl von Abenteuer und ist mitten in der Natur.

Wir laufen zum Wasser hinunter, suchen Steine mit Löchern. Hühnergötter. Weil ich gelesen hatte, dort solle es welche geben. Mit Muscheln und lochlosen Steinen kommen wir zurück. Laufen auf der Strandseite entlang zum Café, wo Christof Albrecht auf uns wartet. Mit einer Geschichte. Denn der rund drei Hektar große Campingplatz direkt am Meer war nicht immer so cool. Und Christof Albrecht nicht immer so entspannt. Der Platz gehörte früher einmal seinen Eltern: „Er war wohl der erste richtig professionell betriebene Campingplatz in der Gegend. Meine Großeltern kamen aus Kiel und hatten schon an der Schwentine einen Kajakverleih. Das war in den Fünfzigerjahren. Im Kino erfuhren sie dann in der Wochenschau vom neuesten Trend in den USA: organisiertem Camping. 1955 eröffneten sie dann den Campingplatz hier."

Christof Albrecht wuchs dort auf, ging dann aber als Erwachsener nach Hamburg. Es folgten BWL-Studium, Eventmanagement, Arbeit für große Hamburger Agenturen. Doch 2005 gab es Probleme mit dem Pächter und Albrecht beschloss, an die Ostsee zurückzukehren „und dort die Kastanien aus dem Feuer zu holen." Doch er kämpfte gegen Windmühlen. Oder besser: gegen echt nervige Dauercamper: „2013 hatte ich genug davon und wollte alles hinschmeißen. Es war schlimm – da waren die ganzen Dauercamper, die ich schon als Kind kannte. Alle diese Cliquen. Diese perfekte Mischung aus Prolligkeit und Spießertum. Das gibt es in diesem Extrem nur auf deutschen Campingplätzen: Goldkettchen. Trainingsanzug. Und dazu mit der Nagelschere den Rasen schneiden. Dabei hatte ich so viele Ideen im Gepäck."

Christof Albrecht entschied sich für Konfrontation: „Ich hab ein paar Dauercamper rausgeschmissen und immer mehr Platz für Touristen gemacht. Es war wie ein Kampf der Kulturen." Bio wurde Teil des Konzeptes: Der komplette Platz hat Ökostrom, im „Proviantamt" haben Dinge wie Plastikflaschen nichts zu suchen, dort gibt es Bio-Eier und Bio-Bier. Die Süßigkeiten kommen aus der Bonbonkocherei in Eckernförde, das „feinheimische" Eis aus der Meierei Geestfrisch in Kropp. Der Kaffee ist Fair Trade. Statt gelbem Billigsprudel mit künstlichem Geschmack gibt es „Proviant"-Limonaden. Nebenan im „Café Strandräuber" ist es nicht anders. Fast alles bio, möglichst regional. Man kann sich Paddelboote und Hängematten leihen. Es gibt regelmäßige Konzerte, die womöglich auch nicht gerade den Fans von Andrea Berg und Helene Fischer gefallen. Außerdem haben schon einige Dauercamper angefangen, die Zäune zwischen den Parzellen zu entfernen. „Das Aufstellen von Windschutzen soll demnächst extra kosten. Das war natürlich der nächste Aufschrei, weil deutsche Dauercamper die Neigung zum Parzellieren haben."

Stattdessen dachte sich Albrecht einen Wettbewerb aus: „Die Leute können Vorschläge machen, den Platz mitzugestalten. Der Sieger bekommt den Preis, eine Art Wanderpokal, und zahlt fürs nächste Jahr nur noch die halbe Miete – was natürlich der größte Anreiz war. Wir haben von unserem befreundeten Landschaftsgärtner eine Pflanzliste für küstentypische Vegetation erstellen lassen, damit hier nicht plötzlich die Kirschlorbeerhecken stehen. Für uns ist der ökologische und nachhaltige Gedanke immer wichtig. Es muss hier hereinpassen."

Und die Reaktion der Dauercamper? Christof Albrecht lacht: „Am Anfang wurden wir noch belächelt. Aber ich sagte mir: Entweder fliegt mir das alles hier um die Ohren oder es kann nur besser werden. Und es wurde besser." Und dann kam ja auch noch die Idee mit den etwas anderen Übernachtungsmöglichkeiten dazu. Auch sie veränderte viel, erinnert sich Albrecht: „Ich habe als Kind schon immer Peter Lustig geguckt. So wollte ich mal woh-

Landeanflug auf glitzerndes Wasser.
Unser Ausblick am Morgen

nen. Zuerst dachte ich, so etwas baue ich mir mal selber. Aber das ist teuer. Ich habe in den Wintermonaten dann immer recherchiert. Und plötzlich die Firma Naturwagen gefunden. Ich sah die Fotos und dachte: ‚Wow, das ist eine tolle Geschichte!‘"

Christof Albrecht lernte Günter Springer kennen, der mit seiner Firma bei Pinneberg Naturwagen und Lodges baut. Total fantasievoll und naturnah: bunte Schäferwagen, Zauberwagen, Zirkuswagen, Campingpods in allen Variationen, lustige Trollhäuschen mit allem Komfort, stylische Buggs und Cubes und unterschiedliche Varianten der Zelt-Lodges. „Einen Zirkuswagen stellte ich damals demonstrativ auf den ersten freigewordenen Dauercamperplatz. Danach kamen immer mehr Mietobjekte dazu. Treckingpods aus Holz, die aussehen wie kleine Eier, gut isoliert sind, Strom, Licht und Heizung haben und vor deren Tür man in der Hängematte liegen und aufs Meer schauen kann. Die Schäferwagen stehen gleich daneben, haben alle WCs. Die Zirkuswagen außerdem noch eine Waschgelegenheit. Dazwischen steht die Zelt-Lodge, so groß wie ein kleines Haus."

Die Gäste scheinen häufig so wie wir zu sein: Familien, die etwas anderes suchen als den Standardurlaub, die keine Pauschalreisen mögen und gleich vor der Haustür etwas erleben wollen. „Zum einen sind da natürlich die typischen Bullifahrer", sagt Christof Albrecht. „Aber es kommen auch viele Familien mit kleinen Kindern und auch viele ältere Leute zu uns. Es gibt die Abenteurer und Romantiker, die immer schon mal in einem Bauwagen oder Zirkuswagen schlafen wollten. Den Trend gab es ja schon vor zehn Jahren und länger, nur eben nicht in Deutschland. Geburtsländer dieser Form von Glamping sind England, Frankreich, Benelux, Italien, Kroatien."

Seit einiger Zeit gibt es auf Camp Langholz ein Kultstatusversprechen: Wer mit einem richtig kultigen Gespann ankommt, der bekommt die dritte Nacht kostenlos. „Wir hatten schon alles Mögliche hier: einen Trecker mit Bauwagen hinten dran, Unimogs, ein Trike, das einen kleinen Wohnwagen zog, Gäste mit Tipis..." Inzwischen gibt es auf Camp Langholz insgesamt 140 Plätze, zehn Mietobjekte und eine Wiese für zehn Zelte. Nur noch zwei Drittel der Gäste sind Dauercamper – und zwar überwiegend die von der netten Sorte."

Obwohl es wieder anfängt, ein bisschen zu regnen, planen wir einen Abend auf unserer überdachten Terrasse. Wir fahren noch einmal los und holen Pizza. Decken den Tisch. Staunen noch einmal über die tolle Ausstattung der Küche, in der sogar die perfekten Rotweingläser stehen. Holen noch eine Bio-Limonade für unsere Tochter. Und setzen uns glücklich und entspannt auf die Terrasse. Abendsonne. Der weite Blick über die Ostsee. Strandrosen. Ein paar Spatzen auf dem Zeltdach.

„Dürfen wir mal bei euch reinschauen?", hören wir da jemanden fragen. Drei junge Frauen gucken neugierig um die Ecke. Jede von ihnen hält ein

Glas Rotwein in der Hand. Sie schauen sich unsere Zelt-Lodge an. Staunen. Schwärmen. Und setzen sich dann mit zu uns auf die Terrasse und stoßen mit uns an. Sie kommen aus unterschiedlichen Orten in Deutschland und Dänemark und haben sich auf Camp Langholz getroffen. „Wir sind zum ersten Mal hier. Zuerst wollten wir in eines der Pods, haben dann aber die Schäferwagen genommen. Wollt ihr mal rüberkommen?"

Wir verabreden uns für den nächsten Morgen zur Gegenbesichtigung und genießen den Sonnenuntergang. So nah am Strand können wir unserer Tochter sogar bei Einbruch der Dunkelheit noch erlauben, im Sand zu spielen, herumzustrolchen. Es ist alles so nah, so übersichtlich und sicher. Da fühlen sich alle frei – Kinder und Eltern.

Allerdings: Wir hätten auf die Gasflasche achten sollen. Denn plötzlich ist es spät und kalt und der letzte Rest Gas ist verbraucht. Schnell duschen wir heiß und krabbeln in unsere warmen Schlafsäcke. Alle drei nebeneinander im riesigen Himmelbett. In der Nacht hören wir in der völligen Dunkelheit nur die Wellen, die gegen den Strand schlagen. Und ganz, ganz früh am Morgen, da wecken mich die Spatzen, die sich laut zwitschernd auf unserer Terrasse treffen und noch nach Pizzakrümeln suchen.

Die Morgensonne strahlt auf unser Zelt und lässt den gesamten Innenraum golden schimmern. Ich tapse über den Holzboden ins Bad. Dusche unter der Regendusche. Koche Kaffee. Mummele mich in einen ganz dicken Wollpullover und schleiche mich leise zu den Spatzen. Warm eingekuschelt sitze ich in der Morgensonne und schaue aufs Meer.

Nebenan decken die drei Mädels auf dem Balkon ihres Schäferwagens den Frühstückstisch. Irgendwann höre ich es auch bei uns im Zelt rumoren. Mein zerstrubbeltes kleines Mädchen kommt heraus. Schon in einer gelben, wasserdichten Latzhose. „Ich suche jetzt noch Steine mit Löchern und baue eine Burg", sagt sie, läuft zum Strand und ruft: „Und gleich gehe ich reiten."

Reiten? Ich hatte ihr ja erzählt, dass die einzige richtig gute Erinnerung an meinen Kindheitsurlaub in Waabs das Pony war, auf dem ich immer reiten durfte. Und tatsächlich erfahren wir beim Frühstück im „Strandräuber" von Christof Albrecht, dass es diesen Reiterhof noch gibt. Einfach weiter den Strand entlang laufen, dann links rauf, gleich eines der ersten Häuser am Berg.

Wir packen unsere Sachen, verabschieden uns von der Zelt-Lodge und versprechen, dass wir wiederkommen. Ganz bald schon. Dann gehen wir los und entdecken tatsächlich den Reiterhof von damals. Eine junge Frau sattelt uns ein Pony. Ausgerechnet auch so ein kleines, rundes, dunkles Pferdchen. So wie damals. Und da unsere Tochter auch zuhause kaum zu bremsen ist, wenn sie ein Pony oder Pferd sieht, ist sie – schwupps – schon auf dem Pferderücken und reitet los. Wir laufen nebenher. Das Pony kennt den Weg.

Die Zelt-Lodge Mare liegt am Strand und ist eingerichtet wie ein richtiges Haus

Manchmal macht es halt, frisst, schmust und trottet dann weiter. Wir genießen die Sicht aufs Meer, auf die Hügel und das grüne Hinterland.

Ich bin versöhnt mit Waabs. Dem Waabs von heute. Statt eines grummeligen, durch die Zähne pfeifenden Wirts gibt es den netten Christof Albrecht. Statt eines losen Klorollenhalters ein riesiges Luxusbad. Und statt einer heruntergekommenen Feriengarage steht da eine Traumlodge, direkt am Strand.

Christof Albrecht vom Camp Langholz setzt auf Camping mit Komfort und Kultfaktor

Kontakt
Camp Langholz
Fischerstraße 9, 24369 Waabs
Telefon: 04352 911484
E-Mail: info@camp-langholz.de
www.camp-langholz.de

Lodging
Die Zelt-Lodge „Mare" kostet in der Hauptsaison (30.6.–25.8.) 719 Euro pro Woche (Sa–Sa), in Vor- und Nebensaison ab 75 Euro pro Nacht (Mindestaufenthalt: 2 Nächte). Pods kann man je nach Saison bereits ab 30 Euro pro Nacht mieten. Zirkus- und Schäferwagen variieren je nach Reisezeit zwischen 52 und 88 Euro pro Tag und werden ebenfalls ab 2 Tage bzw. in der Hauptsaison nur wochenweise vermietet. An Bettzeug denken, alternativ: Set je 17,50 Euro pro Person bei rechtzeitiger Voranmeldung.

Ganz ruhig liegt das Meer vor uns. Die Sonne spiegelt sich im Wasser. Einer dieser perfekten Ostsee-Momente

Kugelrund ist so ein Schlaf-Fass, kullert
aber nicht weg und riecht so gut

Eutin: Entspannung im Holzfass

— Wir hatten auf unserer Tour durch Nordrhein-Westfalen schon einmal in einem Holzfass übernachtet. Das Fass stand in der Eifel auf einem Berg. Um uns herum war absolute Stille. Und dieser Geruch nach Holz ließ mich so tief und fest schlafen, dass ich für Wochen absolut tiefenentspannt war.

Dieses Mal war ich alles andere als entspannt. Zumindest bei der Ankunft. Mein Handy war ins Klo gefallen. Noch im Camp Langholz, kurz vor unserer Abfahrt. „Platsch!" machte es, dann musste ich angeln. Das Display war grün, als sei ihm schlecht. Mein Mann sprach beruhigend auf mich ein. Mein Kind machte sich Sorgen um die schönen Bilder. Ein lieber Freund riet mir, das Handy in Reis zu legen. Dort lag es nun und machte keinen Mucks.

Entsprechend genervt erreichen wir den Kellersee. „Naturpark-Camping Prinzenholz" steht auf dem Schild. Wieder ein Campingplatz. Und wieder weit weg von all meinen nun fast schon abgelegten Vorurteilen. Der terrassenförmig am Hang angelegte Platz gilt als einer der besten Campingplätze Europas. Durch die verschiedenen Ebenen wirkt nichts eng oder vollgestellt, trotz der 140 Stellplätze für Caravans und Wohnmobile. Dazu kommen zehn Plätze ausschließlich für Zelte. Ein paar Mietwohnwagen. Und: zwei Schlaffässer!

Sie stehen weit oben am Platz, sodass die sanitären Anlagen direkt in der Nähe sind. Auch ein kleiner Aufenthaltsraum ist dort. Und ein Gartenhäuschen mit Gartenmöbeln, Kühlschrank und Auflagen. Man könnte also gut und gerne länger bleiben als nur eine Nacht.

„Wir haben sehr viele Gäste, die mit dem Fahrrad unterwegs sind oder mit dem Kanu. Zuerst hatten wir vor, für diese Gäste eine Hütte zu bauen. Dann aber entdeckten wir das Schlaf-Fass", erklärt Gerlinde Jaensch, die Besitzerin des Platzes.

Wenn man die Tür des Campingfasses öffnet, steht man in einer Art Wohnbereich: rechts und links je eine Bank, die man auch als zwei Einzelbetten von je 2,10 Meter mal 0,70 Meter ausklappen kann. An der Wand gegenüber ist ein ausklappbarer Tisch. Dort geht es auch drei Stufen hoch zum eigentlichen Bett: ein 2,17 mal 2 Meter großer Schlafraum mit klappbarem Fenster und einem großen Stauraum darunter. Die dicke Matratze sieht richtig kuschelig aus. Das Kiefernholz-Raumklima entspannt schon beim ersten tiefen Einatmen.

„Ich hatte so ein Fass mal ausprobiert und fand es sehr angenehm", sagt Gerlinde Jaensch. „Sofort kam in mir der Wunsch auf, auch unseren Gästen zu ermöglichen, in solch einer Atmosphäre zu schlummern. Wir haben dann gezielt gesucht, und da wir in einem landschaftlich schönen Bereich mit dem Kellersee und dem Wald liegen, passten diese hellen Holzfässer am besten."

Dass genau diese ungewöhnlichen Übernachtungsmöglichkeiten boomen, überraschte sie zunächst. Aber eigentlich liege die Idee auf der Hand, findet Gerlinde Jaensch: „Viele wollen einfach einen besonderen Kick. Dann schläft man eben nicht in einem Zelt, sondern lieber in einem Fass oder in einem Bauwagen. Oder in einer Heuherberge."

Wichtig sei ihr, dass Camping weiterhin Camping bleibe: „„Man muss sich immer an die Wurzeln erinnern. Bei manchen Anlagen kann man schon nicht mehr von einem Campingplatz sprechen, das sind eher Freizeitplätze – mit Schwimmbad, mehreren Restaurants und viel Animationen. Es kommt eben darauf an, was der Gast möchte: lieber einen Platz, der sehr naturbelassen und in der Natur ist oder lieber einen Platz mit Freizeit und Animation, wo man auch mal die Kinder abgeben und sich zurückziehen kann."

Bei den Jaenschs gibt es eine kleine idyllische Badestelle am Kellersee, einen Kinderspielplatz, einen Sportbereich für Beachvolleyball, Badminton und Tischtennis und einen kleinen Fußballplatz. Statt eines Schwimmbads haben sie eine gemütliche Sauna. Und statt mehrerer Restaurants ein kleines Café, in dem man auch frühstücken kann, einen Grillplatz und einen Kräutergarten, aus dem sich die Gäste, die selber kochen, frische Kräuter holen können.

Außerdem gibt es regelmäßige Feste wie das Rapsblütenfest, die Mittsommernacht oder den Indian Summer. Die sanitären Anlagen erfüllen höchste Kriterien. Und auch der Umweltschutz ist ein wichtiges Thema, betont Gerlinde Jaensch: „Da kann man aber nicht mehr von einem Trend sprechen. Die Umwelt zu schonen sollte selbstverständlich sein und wird allgemein vorausgesetzt. Energieschonende Heizungen, Solaranlage... Dieses positive ‚Zurück zur Natur‘, diese Nachhaltigkeit, das kommt immer mehr."

Für sie und ihren Mann, beide Anfang 60, war das von Beginn an ein wichtiges Thema: „Den Platz haben wir inzwischen seit 26 Jahren. Wir waren Steuerberater. Zuerst war es nur mein Mann, der aus seinem Job aussteigen wollte, aber irgendwann haben wir beide gekündigt und diesen Platz hier übernommen. Wir haben einen Sohn und eine Tochter. Da unser Sohn genau in der Zeit der Tschernobyl-Katastrophe geboren wurde, waren wir schon immer sensibilisiert. Auf dem Platz haben wir gleich damit angefangen, auf Solarenergie zu setzen und alles ökologisch zu denken."

Wir bringen unser Gepäck im Stauraum des Fasses unter. Und ich nehme einen tiefen Atemzug Kiefernholz, packe mein in einem Beutel mit Reis schlummerndes Handy in den Wagen und nehme mir vor, von nun an ganz entspannt zu sein. Wir schlendern über den Platz und machen noch einen Abendspaziergang am Ufer des Sees.

Der fischreiche Kellersee ist einer von rund 200 Seen der Holsteinischen Schweiz. Er ist 560 Hektar groß und an seiner tiefsten Stelle bis zu 27 Meter tief. Ganz in der Nähe wurden in den Fünfzigerjahren die „Immenhof"-Filme gedreht. Auf dem aus dem 14. Jahrhundert stammenden Gut Rothensande, das offenbar gerade umgebaut wird. Aber in Malente gibt es ein „Immenhof"-Museum mit Originalkostümen, Requisiten, Bildern und der echten Kutsche, es gibt geführte „Immenhof"-Touren und einen Fanshop.

Zurück auf dem Campingplatz erwartet uns das Fass. Es ist dank einer Infrarotheizung angenehm warm. Wir teilen uns zu dritt die geräumige Liegefläche und sind im Nu eingeschlafen. Und es ist wie damals in der Eifel: einfach perfekt!

Kontakt
Naturpark-Camping Prinzenholz
Prinzenholzweg 20, 23701 Eutin
Telefon: 04521 5281
E-Mail: info@nc-prinzenholz.de
www.naturpark-camping-prinzenholz.de

Schlaf-Fässer
je nach Saison zwischen 45 und 55 Euro
pro Nacht. Mietwohnwagen: je nach Saison zwischen 53 und 76 Euro pro Nacht.
Bettwäsche ist für 10 Euro pro Person
zubuchbar.

Viel Platz für (m)eine kleine Familie
bietet das Fass, inklusive Stauraum,
Schlaf- und Sitzbereich

Stille Tage des Glücks: Kleine Bauernkaten, Gebäude mit Geschichte und besondere Orte wie das Naturschutzgebiet Geltinger Birk stehen für besondere Urlaubsmomente

Romantisch
und historisch

Unser Auszeitwagen steht inmitten eines
verwunschenen Gartens nahe der Schlei

Gunneby: Träume mit Auszeitwagen

— Regen prasselt aufs Autodach. Die Scheibenwischer wirbeln auf der höchsten Stufe. Hin und her. Hin und her. Ich versuche, die Straße zu erkennen. Die ist nicht breit, nicht deutlich begrenzt. Wir sind irgendwo im Nirgendwo. Irgendwo zwischen zwei winzigen Schlei-Dörfern: Ulsnis und Lindaunis. Die Namen klingen gemütlich, ein bisschen nach Einsamkeit. Nach Ruhe und Natur. Die Landschaft ist sanft, hügelig. Manchmal fällt einem die Toskana ein, wenn sich durch die Felder kleine Wege schlängeln, zwischen Hügeln auf einmal schmale Bäume auftauchen und Straßen zu kleinen Alleen werden. Und doch sind da immer wieder die typischen Häuser, meistens mit kleinen Vorgärten, bunten Blumen und heimeligen Reetdächern.

Immer wieder ist die Schlei zu sehen, dieser riesige, 42 Kilometer lange Meeresarm der Ostsee, der die Landschaften Angeln und Schwansen trennt und sich von Schleswig bis Schleimünde erstreckt. An einigen Stellen ist er schmal wie ein Fluss, misst etwa 135 Meter. An manchen ist er vier Kilometer breit, weit wie ein riesiger See und ein Paradies für Segler. Das Wasser der Schlei ist an der Mündung noch salzig, wird dann in Richtung Schleswig immer süßer.

Wir hören „Bibi Blocksberg" und ich überlege, wie ich gleich mitsamt Kind und bereits gepackten Taschen unsere nächste Unterkunft erreiche, ohne dass wir beide bis auf die Haut nass werden. Hexen zu können, wäre da von Vorteil. Eine Unterkunft mit Auszeitwagen verknüpft soll es sein. Ich hatte vergessen zu fragen, ob es dort auch irgendwo eine Dusche gibt. Eine möglichst warme, bei dem Wetter. „Was ist, wenn uns hier auf der Straße jemand entgegen kommt?", kommt es von der Rückbank. „Dann wird es etwas eng, aber das passt schon", sage ich und hoffe, dass niemand bei dem Wetter freiwillig vor die Tür geht.

Dann, nach einer scharfen Linkskurve, tauchen zwei Häuser auf. Links ein alter Backsteinhof. Davor ein Schild „vie de bohème". Wir parken unter einem dicken Kastanienbaum, steigen aus, schnappen unsere Taschen und rennen los, um das Haus herum. Plötzlich eine Stimme: „Kommt rein! Kommt rein!", ruft Rebekka Hofmann und öffnet uns, bevor der ganz große Wolkenbruch kommt, noch schnell die Tür.

Eine schlanke, zierliche Frau, die gleich so etwas Strahlendes hat. In ihrer Stimme schwingt ein Lachen. Und dann diese Küche mit dem hölzernen Esstisch, den vielen alten Möbeln. „Ich hab euch den Wagen zum Feld hin zurecht gemacht. Der Schlüssel steckt. Ihr könnt euch Äpfel mitnehmen, die haben wir frisch geerntet." Gemeinsam gehen wir nach dem Wolkenbruch durch den Garten. Ein alter Bauerngarten. Orange leuchtende Sanddornbeeren. Hagebutten, Rosen, Malven, knorrige Obstbäume. In der Mitte ein Teich, der zwei Bereiche der Wiesen voneinander trennt. Auf jedem steht ein Zirkuswagen.

Der eine Wagen ist lila, der andere in einem dunklen Rosa angestrichen, mit geschwungenen weißen Sprossenfenstern und bunten Schlagläden. Davor stehen hölzerne Gartenmöbel. Der Blick geht weit hinaus über die Felder. Der Garten ist ein Paradies für Kinder. Ganz ohne Spielgeräte, dafür mit alten Schuppen, Büschen und Bäumen. Mit Spinnennetzen, auf denen Regentropfen in der Sonne glitzern. Und mit geheimen Verstecken, Unterschlupfen und ganz viel zu entdecken.

Wir gehen drei kleine Holzstufen hoch, stehen im Inneren des Wagens. Links ein Kamin, daneben ein Esstisch mit zwei zierlichen Stühlen. Eine rote Tischdecke, eine Vase mit frischen Rosen. Rechts eine kleine Küchenzeile mit Blick über die Felder. In der Ecke ein gemütlicher Oma-Sessel. Geradeaus eine zweiflügelige Tür mit Fenstern, ein zweiter Raum mit einem riesigen Bett, einem kleinen Schrank, praktischen Haken an den Wänden und einem Fenster mit Blick in den Garten.

Rebekka Hofmann lacht. Und dann erzählt sie uns ihre Geschichte. Und die ihrer Zirkuswagen: „Mitte der Neunzigerjahre haben mein Mann und ich eine alte Goldmine in Südfrankreich, in den Cevennen, gekauft. Die haben wir dann zu Ferienwohnungen umgebaut. Es war ein wunderschönes Gelände an einem Fluss, mit Felsen, von denen man ins Wasser springen kann. Sehr idyllisch. Mit dem Baumaterial haben wir eine Baumhütte gebaut und als Familie fast drei Jahre darin gewohnt."

Ihre heute erwachsene Tochter war damals drei Jahre alt. „Es war unsere Villa Kunterbunt. Wir hatten nur einen Gartenschlauch als Dusche, kein elektrisches Licht, nur Kerzen. Es war wildromantisch." Als die Tochter älter wurde und die Ferienwohnungen fertig waren, zog die kleine Familie auf ihrem Grundstück um – in eine mongolische Jurte. „Aber als unsere Tochter elf oder zwölf Jahre alt war, wollten alle Kinder diese Jurte sehen. Irgendwann sagte sie: ‚Jetzt reicht es aber, Mama, wir sind kein Museum, sonst stell lieber eine Kasse vor die Tür!'"

Vor zehn Jahren verkauften Rebekka und ihr Mann ihren Besitz in Süd-frankreich. „Ich konnte mir nicht vorstellen, dort mein Alter zu verbringen, inzwischen bin ich über 60. Zuerst zogen wir nach Freiburg. Dort besuchte unsere Tochter das deutsch-französische Gymnasium, bis sie in Hamburg zu studieren begann. Meinem Mann und mir fehlte in Freiburg das Wasser. Dann entdeckten wir Hamburg und den Norden von Deutschland."

Doch die Suche nach einem geeigneten Haus war nicht so einfach, denn sie suchten nicht nur eine Bleibe für sich, sondern auch für ihre beiden Zir-kuswagen. „Noch bevor wir aus Frankreich wegzogen, hatten wir die beiden gekauft. Es sind echte französische Modelle. Den Resthof hier an der Schlei kauften wir also auch, um die beiden Wagen stellen zu können."

Später trennten ihr Mann und sie sich. Ihre Tochter zog in die Welt. Re-bekka Hofmann blieb. Sie vermietet heute eine Ferienwohnung, zu der auch die beiden Wagen als „Auszeitwagen" gehören. Außerdem arbeitet sie als „Berührungsfachfrau", wie sie es nennt: „Ich habe seit mehr als 30 Jahren Ausbildungen für Bewegung und Massage gemacht, auch in den USA. Jetzt bin ich unterwegs und schule Pflegekräfte und Mediziner in der Berührung von Mensch zu Mensch, denn auch in der Forschung hat man ja inzwischen erkannt, welchen Einfluss Berührung auf die Psyche hat, zum Beispiel bei depressiven Menschen, aber auch bei Sterbenden, bei Dementen, Wachko-mapatienten oder in der Schmerztherapie."

Viel sei sie unterwegs, doch häufig kommen die Menschen auch zu ihr. Und in ihre Auszeitwagen. „Die Wagen passen perfekt zu dem, was ich anbie-te. Die Gäste sind teilweise Manager, Leute aus dem gehobenen Segment, die wieder diese Sehnsucht haben nach dem ganz Einfachen, Schlichten, Puren und Natürlichen. Das kommt immer mehr. Die Menschen wollen in diese Einsamkeit."

In Frankreich oder in Kalifornien, wo Rebekka Hofmann lange gelebt hat, seien solche Wohnformen schon vor 25 Jahren keine Seltenheit gewesen. Baumhäuser zum Beispiel. Oder eben Zirkuswagen. „In den Cevennen gab es damals viele Aussteiger. Und die suchten immer nach Wegen, in der Natur zu wohnen."

Für Kinder sei es toll, dieses Abenteuer, und wir schauen zu, wie mein kleines Mädchen auf Entdeckungsreise geht. Sie bestaunt die tropfnassen Beeren, findet einen Geheimgang zwischen Zirkuswagen und Hecke, begut-achtet das am Wagen gestapelte Brennholz, läuft den kleinen Hügel zum Teich hinunter, beobachtet das Ufer, klettert wieder rauf und setzt sich auf die Eingangsstufen des Zirkuswagens. „Meine Tochter hat es nicht anders ge-kannt, als mitten in der Natur zu leben", erzählt Rebekka Hofmann. „Kinder brauchen das, es tut ihnen gut und macht sie stark. Als meine Tochter dann aber in die Pubertät kam, kam eine wahnsinnige Gegenreaktion. Es gab eine

Endlich angekommen. Und eigentlich möchte man diesen ganz besonderen Ort auch gar nicht mehr verlassen

Zeit, in der wirklich alles, was wir gelebt und gemacht haben, für sie nur blöd war. Aber jetzt, nach ihrem Lehramtsstudium, lernte sie Kinder kennen, die nicht einmal mehr barfuß durchs Gras gehen wollen, weil sie das gar nicht kennen. Da begriff sie, wie wichtig die Natur ist."

Rebekka Hofmann mag die Schlei: „Das ist eine Landschaft, die noch entdeckt werden will. Und die Menschen sind bescheiden, hilfsbereit." Bevor auch wir am nächsten Tag unsere Entdeckungstour fortsetzen, genießen wir unsere eigene kleine Auszeit. Wir ziehen Vorhänge und Rüschengardinen zu, decken den Abendbrottisch und hören, wie der Regen aufs Dach des Zirkuswagens trommelt. „Ich will hier nicht mehr weg, wir könnten Papa fragen, ob er mit uns hier wohnen will." – „Ist das nicht zu klein? Dein Kinderzimmer zuhause ist doch fast größer als der ganze Zirkuswagen." Dann ein kurzes Nachdenken, ein entschiedenes Kopfschütteln: „Macht nichts. Hier ist ja alles. Bett, Tisch, Garten... Mehr brauchen wir nicht."

Wir vertagen unsere Einzugspläne, machen uns nebenan im Haus frisch und kriechen in das riesige Bett. Vorlesen. Kuscheln. Einschlafen. Die absolute Stille und Dunkelheit genießen. Tief und fest schlafen. Endlich wieder träumen. Am Morgen weckt uns die Sonne. Sie ist wieder da, bricht durch die Wolken, strahlt durch die kleinen Sprossenfenster. Der noch regennasse Garten glitzert im Licht. Dann frühstücken wir, packen wehmütig unsere Taschen und verabschieden uns von Rebekka, die uns nun auch noch den Rest ihres wunderschönen Hauses zeigt.

Danach fahren wir weiter, die Schlei entlang. Zuerst über Gunneby nach Lindaunis. Ja, genau dieses Lindaunis, wo zwischen 1986 und 2012 die TV-Serie „Der Landarzt" gedreht wurde. Deshalb steht im Lindauhof, einem wunderbaren, im 15. Jahrhundert erbauten Gutshaus mit Café, nicht nur sensationelle Torte in einer gläsernen Kühltheke, sondern es hängen auch alte und etwas neuere Fotografien an den Wänden: Christian Quadflieg als Dr. Karsten Mattiesen, Walter Plathe als Dr. Ulrich Teschner und Wayne Carpendale als Dr. Jan Bergmann mit ihren Lieben. Während das nahe Kappeln den Fantasieort Dekelsen darstellte, war der Lindauhof über Jahrzehnte das Privathaus und die Praxis des Landarztes. Wir sitzen in der großen, etwas düsteren Halle, trinken Kakao und essen trotz der frühen Stunde jeder ein riesiges Stück Sahnetorte.

Man muss, will man auf dieser Höhe von der einen Seite der Schlei zur anderen, unweigerlich über Lindaunis fahren, denn dort gibt es nicht nur TV-Romantik und Torte, sondern auch eine der wenigen Brücken über die Schlei. Die einzige zwischen Kappeln und Schleswig.

Die Klappbrücke von Lindaunis wurde 1926 erbaut und ist eine mächtige Stahlkonstruktion, die sich einmal pro Stunde für rund 15 Minuten öffnet, um Schiffe hindurchfahren zu lassen. Schließt sie sich dann wieder, können sowohl Autos als auch die Eisenbahnzüge die schmale Fahrbahn befahren. Nicht gleichzeitig, versteht sich, aber doch auf dem gleichen Gleise. Das fühlt sich etwas holprig an und wackelt in der Lenkung.

Würden wir jetzt geradeaus fahren, kämen wir zum Meer. Doch das sparen wir uns für die nächsten beiden Tage auf. So biegen wir lieber links ab und fahren am Südrand der Schlei entlang in Richtung Arnis. Klar, auch dort erwarten uns weder Abenteuerspielplatz noch Freizeitpark. Und doch ist meine Tochter gespannt, wie sie wohl aussehen wird, die kleinste Stadt in Deutschland. „Eine Babystadt?" – „Naja, so eine Art Mini-Stadt. Eher ein Dorf, nur eben mit Rathaus. Aber wohl nur mit einer einzige Straße."

Wir parken und sind gespannt. Zu Fuß sollte man sein in Arnis. Denn die eine Straße, die es dort gibt, ist für die gerade mal knapp 300 Einwohner reserviert. Und selbst das ist schade, denn die parkenden Autos nehmen einem oftmals den Blick auf diese unglaublich süßen, kleinen Häuschen. Viele davon schneeweiß und mit Rosenstöcken davor.

Arnis gilt als die Perle der Schlei und ist auf einer Halbinsel erbaut worden. Die Fläche der Stadt beträgt gerade mal 800 mal 200 Meter. Gegründet wurde Arnis am 11. Mai 1667, als Herzog Christian Albrecht von Schleswig-Holstein-Gottorf rund 750 Menschen aus Kappeln erlaubte, als freie Bürger auf der kleinen Insel zu siedeln. Diese, Mitglieder von 65 Fischer- und Schifferfamilien, hatten zuvor dem Gutsherrn Detlev von Rumohr auf Roest den Untertaneneid verweigert, um der Leibeigenschaft zu entgehen. Schon bald wurde der winzige Ort durch die Fischerei, durch Seefahrer, Schiffsbauer und Schiffseigner immer reicher.

Ein Reichtum, den man bis heute an den prächtigen Giebeln vieler Häuser erkennen kann. Als dann vor 150 Jahren Schleswig und Holstein geeint wurden, ging es mit dem Reichtum bergab. Die Preußen räumten auf, teilten die Provinz in Kreise mit Ämtern und Städten ein. Am Ende blieb ein kleines Örtchen übrig, ein sogenannter Flecken: Arnis. Bis die Nationalsozialisten 1934 für Ordnung sorgen wollten – und den Flecken zur Stadt erklärten. Und die ist bis heute so winzig, dass sie die kleinste in ganz Deutschland ist.

Neben einer einzigen Straße und einem Rathaus gibt es einen Hafen, viele kleine Cafés und Restaurants, einige wenige Geschäfte und eine kleine, von einem Friedhof umrahmte Kirche. Wir schlendern die Straße entlang. „Schau mal", sagt meine Tochter und zeigt auf eine kleine Bank. „Was steht da?" – Man sagt Arnis tatsächlich nach, dass die Menschen dort nicht einmal ihre Türen abschließen, da eh jeder jeden kennt. Dass aber auch Auto-Stopp so völlig gefahrlos anerkannt ist, zeigt uns diese Bank, über der ein weißes Schild mit verschnörkelter schwarzes Schrift steht: „Mitfahrer-Bank". Darunter stehen zwei Wegweiser-Schilder: „Süderbrarup" und „Kappeln" und ein kleines Schild, das alles erklärt:

Verschlungene Pfade, sanfte Hügel, weite Felder
und den Blick weit in die Ferne schweifend

Romantisch ist es nicht nur draußen, sondern auch im Inneren des Wagens

- Richtung wählen: Süderbrarup / Kappeln
- Richtungsschild vorklappen
- warten...
- Richtungsschild wieder zurückklappen
- Einsteigen. Gute Fahrt und nette Gespräche!

Wir bummeln weiter. Eine schwarze Katze schleicht über den Bordstein. Ein paar Jugendliche sitzen auf den Bänken vor den Häusern und zeichnen. Geht man die Straße nach links, kommt man zur Mini-Fähre der Mini-Stadt. Die Autofähre hangelt sich an einem Drahtseil über die Schlei. Wir gehen nach rechts, an Häusern mit Rosenstöcken vorbei, und laufen am Ende der Straße den einzigen Hügel hinauf, den zur Kirche. Vorbei an uralten, liebevoll bepflanzten Gräbern mit verwitterten Grabsteinen. Wir öffnen die schwere Kirchentür – und staunen.

Das 1673 geweihte Kirchlein ist ungemein freundlich und fröhlich, heiter, hell und heimelig. Weiße Holzbänke, ein weißer Altar, darüber auf der Empore eine weiße, schön geschwungene Orgel. Mein kleines Mädchen legt den Kopf in den Nacken, schaut ununterbrochen an die Balkendecke. Von dort baumeln nämlich vier große Schiffsmodelle. Votivschiffe als Zeichen der Dankbarkeit für den Schutz Gottes auf den Seefahrten.

Als wir wieder draußen in der Sonne sind, laufen wir zurück zur Straße, die am Ufer der Schlei an einem Restaurant und Biergarten endet. Dort essen wir Matjes mit Bratkartoffeln, trinken eine Apfelschorle und schauen auf die Segler und das gegenüberliegende Ufer. Gleich nebenan gibt es eine Rutsche auf einem kleinen Fleckchen Sand: eine Badestelle, an der man die Füße ins Wasser halten und die Sonne genießen kann. Und wir genießen sie noch lange.

Dann der Rückweg, noch rasch eine Flasche Wasser beim Bäcker kaufen und ein Brötchen für die weitere Tour. Die geht entlang kleiner Straßen und Dörfer, alter Häuser, Windmühlen und immer wieder weiter Felder in Richtung Nordosten. Am alten Hafenstädtchen Kappeln queren wir über die Klappbrücke erneut die Schlei. Wir erhaschen noch einen Blick auf den Hafen. Kappeln ist bekannt für seinen Heringszaun, in dem die Fische noch wie einst im Mittelalter gefangen werden. Es gibt einen Museumshafen und eine Hafenkante mit kleinen Kneipen und Restaurants. Außerdem gibt es die alte Mühle Amanda und die alte Angelner Dampfeisenbahn, die an bestimmten Tagen ab Kappeln in Richtung Süderbrarup fährt.

Wir fahren genau in die entgegengesetzte Richtung: Vom Herzen der Schleiregion gen Norden nach Gelting. Dort warten eine adelige Familie, eine Nacht in einer alten Bauernkate, wilde Strände und ein unfassbar schönes Naturschutzgebiet auf uns.

Nicht weit entfernt: der große Hafen von Arnis, Deutschlands kleinster Stadt

Kontakt
Vie de Bohème
Knappersfeld 2, 24897 Ulsnis
Telefon: 0175 2455835
E-Mail: info@vie-de-boheme.de
www.vie-de-boheme.de

Übernachten
Ferienhaus Gunneby: Wochenpreis
für 2 Personen: 525 Euro Hauptsaison
(Mindestaufenthalt: eine Woche), 240
Euro Nebensaison (Mindestaufenthalt: 3
Nächte), Kinder bis 12 Jahre kostenlos.
Endreinigung 55 Euro, Bettbezüge/Hand-
tücher 10 Euro/Person.
Auszeitwagen: eine Person: 120 Euro (ab 2
Nächte) bzw. eine Woche: 300 Euro. Zwei
Personen: 140 Euro bzw. eine Woche: 370
Euro). Der Preis beinhaltet die Endreini-
gung. Bettwäsche/Handtücher können
hinzugebucht werden.

Rebekka Hofmann brachte die
Auszeitwagen aus Frankreich mit an die
Schlei

Schloss Gelting ist in Privatbesitz. Doch Alexandra Baronin
von Hobe-Gelting und Ehemann Victor Baron von Hobe-Gelting
vermieten uralte, zum Anwesen gehörende Gebäude

Gelting: Zum Tee im Schloss

— „Möchtest du dir lieber anschauen, wie die Wikinger früher gelebt haben? Oder wollen wir uns ein Schloss anschauen, in dem es ein Museum gibt?", frage ich meine Tochter auf der Fahrt nach Gelting. Wir wollen einen Zwischenstopp in Schleswig machen. „Ins Schloss!", kommt spontan die Entscheidung von der Rückbank. Soll heißen: Gegen das Wikingermuseum Haithabu. Und für Schloss Gottorf. Und damit für einen Bummel durch die Schleswig-Holsteinischen Landesmuseen. Ein bisschen hatte ich auf diese Entscheidung gehofft.

Schneeweiß ragt der barocke Südflügel des mehr als 800 Jahre alten Schlosses vor uns auf, als wir über die Brücke auf die Museumsinsel fahren. Eine riesige Schlossanlage. Die größte des Bundeslandes. Ab 1544 Hauptresidenz der Herzöge von Schleswig-Holstein-Gottorf. Heute befinden sich darin neben mehreren wechselnden Kunstausstellungen das Archäologische Landesmuseum und das Landesmuseum für Kunst und Kulturgeschichte.

Ein Landesmuseum mit äußerst freundlichen Mitarbeitern. Noch niemals zuvor habe ich erlebt, dass ein Kind in einem Museum so nett begrüßt und ernstgenommen wurde. Ein Herr am Eingang fragt gleich, für was wir uns denn am meisten interessieren und ermuntert uns, jederzeit Fragen zu stellen. Und dann noch seine höfliche Frage: „Wollen Sie zuerst die Moorleichen sehen?" – „Nein!", sage ich entschieden. „Meine Tochter ist fünf!" Der nette Herr lächelt: „Gerade die Kleinen finden das ja besonders spannend. Kommt natürlich auch immer sehr auf das Kind an." – Oder auf die Mutter, denke ich, und frage, wie wir denn genau gehen müssen, um die Leichen ganz sicher: nicht zu sehen. Und auch das wird mir geduldig erklärt.

„Was wollte uns der Mann denn zeigen? Was ist besonders spannend?", fragt meine Tochter. „Das Schiff da vorne", lüge ich. Und bin froh, gleich das Exponat eines alten Segelschiffes entdeckt zu haben.

Ich habe überhaupt nichts gegen Moorleichen. Aber die Vorstellung, meinem Kind zuerst diese schwarzen Gestalten zu zeigen und wenige Stunden später mit ihr die Nacht irgendwo in einer einsamen Bauernkate zu verbringen, bereitet mir Unbehagen. Obschon: Die Moorleichen sind eine der Sensationen auf Schloss Gottorf und liegen dort in der Eisenzeitausstellung des Archäologischen Landesmuseums, zusammen mit vielen anderen Grabfunden, die viel über die Kulturen vor mehr als 1800 Jahren verraten. Eine von ihnen ist das 1952 entdeckte „Kind von Windeby", das offenbar 15 oder 16 Jahre alt wurde, Hunger gelitten hatte und wohl an einer Zahnerkrankung starb. – Wir lassen es links liegen. Schloss Gottorf hat noch so viel anderes zu bieten. Man wandert geradezu durch die Geschichte. Kann sie sehen, staunen, berühren. Sogar selber bauen ist erlaubt. Mit kleinen Häusern aus Holz bauen wir eine Hafenstadt nach. Wir schlendern. Und schauen. Stellen Fragen. Staunen. Entdecken immer wieder Neues.

Wir haben nur einen Bruchteil der Ausstellung geschafft, als wir zwei Stunden später wieder in unser Auto steigen und weiter in Richtung Gelting fahren. Das ist ganz im Nordosten Schleswig-Holsteins. An der Küste der Halbinsel Angeln. Zwischen Förde und Schlei. Zwischen Flensburg, Kappeln und Schleswig. Da liegt die Geltinger Bucht. Und das Örtchen Gelting. Und dort kann man sehr besondere historische Katen mieten. Einige von ihnen an einem sehr stillen, schönen Ort: dem Naturschutzgebiet Geltinger Birk.

Die Katen haben Namen wie Charlottenhuus, Helenes Häuschen, Müller- oder Fischerkate. Jedes Haus hat eine Geschichte. Jedes Haus erinnert an Menschen, die darin einst gelebt und gearbeitet haben. „In der Fischerkate wohnten Fischer. Die arbeiteten wahrscheinlich auf dem Gut, besaßen aber auch eine Kuh und ein bisschen Land zur Selbstversorgung. Lange Zeit war sie fest vermietet und wurde dann im Jahr 2000 von meinen Schwiegereltern als Ferienhaus umgebaut", erklärt Alexandra Baronin von Hobe-Gelting. „Die Müllerkate gegenüber der alten Mühle Charlotte heißt natürlich so, weil früher der Müller dort gewohnt und bis ca. 1820 die Mühle betrieben hat. Daneben war ein Stallgebäude, das dann ausgebaut wurde."

Zusammen mit ihrem Mann, Victor Baron von Hobe-Gelting, und ihren vier Kindern lebt Alexandra von Hobe-Gelting am Rande der Gemeinde Gelting im gleichnamigen Schloss. Wir stehen mit den beiden im Innenhof. Um uns herum laufen schwanzwedelnd drei Jagdhunde. Zur Freude meiner Tochter. Wir verabreden uns für den nächsten Morgen zum Tee und zu einem Ausflug in die Geltinger Birk. Unsere gemietete Kate liegt nicht dort, sondern im Ort selbst. Es ist das Küsterhäuschen, das mit Paulsens Häuschen eine Art Doppelhaus bildet. „Im Küsterhäuschen wohnte nach dem Küster der Elektriker Paulsen", erzählt die Baronin. „Als wir es später in zwei Wohnungen teilten, haben wir es nach beiden benannt."

Das Haus steht schräg gegenüber der Schule, und mein erster Reflex ist „Schuhe aus!", als ich die Haustür öffne. Alles ist weiß eingerichtet. Alles ist so gemütlich, klar und dennoch warm. Behaglich und leicht. Weiße Polster, stilvolle Lampen, bunte Vorhänge. Robuste Holztische, ein Bad mit Wanne, ein kleiner Garten mit Strandkorb und Essecke. Gleich dahinter das Dörfchen, die Kirche, ein paar Restaurants. Im Regal Bücher, in der Schublade Gesellschaftsspiele. Es ist an alles gedacht, und meine Tochter beginnt auszupacken.

Das ist so ganz anders als die Holzhütte in der Arche Warder. So anders als das stylische Hausboot. Oder der romantische Auszeitwagen. Ein bisschen fühlt man sich in eine andere Zeit versetzt. Gerade jetzt, wo die Glocken 14 Uhr läuten und wir das Häuschen verlassen und auf Entdeckungsreise gehen. Einen kleinen Minigolfplatz gibt es im Ort. Die Schläger bekommt man nebenan im Eissalon. Wir testen beides. Gehen wieder nach Hause. Kochen Nudeln. Nehmen jeder ein heißes Bad. Und fallen am Abend müde in unser bequemes Bett.

Am nächsten Morgen weckt uns die Sonne. Endlich wieder. Wir frühstücken beim Bäcker im Dorf und fahren dann wieder zum Schloss. Zuerst durch das Torhaus, dann weiter über holprige alte Steine zur Holzbrücke und hinüber zum Ehrenhof der dreiflügeligen Anlage.

Das 1231 erstmals urkundlich erwähnte Gut, das durch die Jahrhunderte verschiedenen Adelsfamilien gehörte, wurde 1759 von dem Kaufmann Sönke Ingwersen, der sein Vermögen bei der Ost-Indien-Compagnie gemacht hatte, dem dänischen König abgekauft. Der reiche Kaufmann wurde bald schon vom dänischen König Friedrich V. in den Adelsstand erhoben und so zum „Baron von Geltingen". Er selber lateinisierte seinen Vornamen, wie damals üblich, von Sönke zu Seneca. 1777 wurde ihm in Wien der Reichsadelsstand zugesprochen. Der frischgebackene Baron scheute für den Um- und Ausbau der Schlossanlage keine Mühen, gestaltete das Haupthaus im holländischen Stil um und errichtete den zweigeschossigen, durch ein Walmdach gedeckten Mittelbau. Das Grundstück ließ er in einen französischen Garten umgestalten.

Zum Anwesen gehörten auch zahlreiche weitere Gebäude, aus denen inzwischen wunderschöne Ferienhäuser wurden. „Meine Schwiegermutter hat 1990 angefangen, die Häuser nach und nach zu Ferienhäusern umzugestalten", erzählt Alexandra Baronin von Hobe-Gelting. Gemeinsam mit ihrem Mann hat sie die Gestaltung und Vermietung der inzwischen 13 Häuser übernommen. Das Schloss ist weiterhin in Privatbesitz und für die Öffentlichkeit nicht zugänglich. Vier Generationen wohnen dort getrennt unter einem Dach: in einem Flügel Alexandra Baronin von Hobe-Gelting und ihr Ehemann Victor, beide Mitte 30, und ihre vier Kinder. Im anderen die Schwiegereltern. Ein weiteres Gebäude bewohnt die Großmutter. Den Mitteltrakt, in den man über eine breite Eingangstreppe gelangt, nutzen alle

Im hölzernen Liegestuhl sitzen und die
Aussicht über die Geltinger Birk genießen

Generationen. Häufig dann, wenn Besuch erwartet wird oder ein offizieller Termin ansteht. Genau dort im Salon dampft unser Tee.

Vorsichtig nehmen wir auf einem eleganten und wieder sehr weißen Sofa Platz. Mein Blick geht durch den Raum. Gerahmte Fotografien mehrerer Generationen. Viele in Schwarz-Weiß, einige in Farbe. An der Decke hängt ein großer Messingleuchter. An der Wand uns gegenüber ein riesiger Gobelin. Bilder der Ahnen an den Wänden. Ein stuckverzierter Kamin. Stuck einfach überall. Und zwei Füchse, wie Kissen auf dem Sofa. Meine Tochter nimmt auf dem schneeweißen Sofa Platz, schielt auf die Schokokekse, nimmt begeistert von der Baronin ein Malbuch und Buntstifte entgegen und beginnt zu malen.

Alexandra von Hobe-Gelting hat lange blonde Haare, ein gewinnendes Lächeln – und sehr offensichtlich Geschmack. Nichts an ihr wirkt aufgesetzt, aber alles ist gut geplant. Perfektes Timing. Und ein perfekter Ort. Bevor sie ihren Mann heiratete und aufs Schloss zog, hatte sie in London Film studiert. Davor war sie mit ihren Eltern an vielen Orten der Welt gewesen, wurde in internationalen Internaten unterrichtet. „Für mich war es zuerst neu, plötzlich nur an einem Ort zu sein und zu bleiben. Aber es gefällt mir", sagt sie. Auch wenn sie gerne mit ihrer Familie reist und niemand ist, der ausschließlich Ruhe sucht – einen Gang über die Geltinger Birk, den genieße sie immer. Auch jetzt. Mit uns.

Gemeinsam verlassen wir das Schloss. Fahren los. Parken die Autos an der alten Holländermühle Charlotte, die früher dazu diente, Wasser aus dem eingedeichten Noor zu schöpfen. Und schauen uns zuerst Helenes Häuschen an. Da ist wieder dieses Weiß. Diese stilvolle, zurückhaltende, elegante Einrichtung. Diese Klarheit. Aber vor allem ist da dieser Blick. Weit über die Birk. Über Wasser und Wiesen. Da ziehen Vogelschwärme übers Wasser. Und der Himmel mit tausend glitzernden Sonnenstrahlen ist so frei und flirrend, dass man nur noch schauen und sich darin verlieren möchte. Draußen im kleinen Garten. In einem der hölzernen Liegestühle. Oder abends auf der direkt ans Wasser gebauten Terrasse. – „Unsere Gäste lieben die Natur. Und sicherlich auch die sehr individuelle Art der Einrichtung", sagt Baronin von Hobe-Gelting und nimmt auf dem zweiten Liegestuhl Platz. „Insgesamt vermieten wir inklusive der vier Ferienwohnungen in Falshöft 16 Objekte. Ganz besonders außergewöhnlich sind diese hier, mitten im Wander- und Naturschutzgebiet. Schon aufgrund des Blickes, den man dort hat. Da ist die Birkspitze mit ihrer Bucht. Dahinter ist die Ostsee. Der Wald Nordschau. Und dort hinten, da beginnt der Deich."

Wir gehen weiter. Entlang schmaler, geschlungener Wege. Die Geltinger Birk ist mit rund 773 Hektar das größte Naturschutzgebiet im Kreis Schleswig-Flensburg und gehört der Stiftung Naturschutz des Landes Schleswig-Holstein. Strandseen, Salzwiesen, Wälder und Sümpfe prägen die Landschaft ebenso wie Dünen, Strand und Nehrung. Vögel wie Goldammern, Graugänse und Seeadler suchen Schutz und finden einen idealen Lebensraum. Um die Weidelandschaft zu erhalten, setzen die Umweltschützer auf die Natur – in dem Fall auf Tiere. So grasen auf den Wiesen Schafe, Schottische Hochlandrinder, Galloways und: Wildpferde! Die Koniks, eine aus dem mittel- und osteuropäischen Raum stammende Ponyrasse, laufen auf einem großen Terrain auf der Birk. Gleich hinter dem größten Ferienhaus, der Fischerkate. Eine Schaukel baumelt in einem knorrigen alten Baum. Dahinter ist ein großer Tisch mit vielen Stühlen. Das Haus bietet Platz für zehn Personen, hat unter anderem zwei Wohnzimmer, zwei Bäder und fünf Schlafzimmer. Das alles auf zwei Ebenen, auf 150 Quadratmetern.

Meine Tochter schaut. Ich schaue. Aber von Wildpferden ist nichts zu sehen. „Manchmal hat man Glück, aber eben nicht immer", erklärt Alexandra von Hobe-Gelting. „Es ist ein sehr großes Terrain, aber ab und an kommen sie her. Eine riesige Herde, mehr als 50 Tiere." Die Fischerkate, erzählt sie, werde gerne von mehreren Generationen gebucht. Oder mehreren Familien, die gemeinsam Urlaub machen wollen. „Die Leute sagen, dass sie die Ruhe suchen und die Ostsee lieben. Damit meinen sie nicht nur die Birk, sondern die ganze Region. Wir haben hier zwar viel Tourismus, aber es ist lange nicht so touristisch wie in anderen Teilen Schleswig-Holsteins. Sie finden hier immer freie Strandteile und wunderschöne Fahrradwege am Wasser entlang. Nichts ist überlaufen. Das ist noch alles so klein, noch so eine heile Welt. Die Region hat sich viel langsamer entwickelt als andere."

Als wir die Birk im Schritttempo verlassen, sehen wir Wanderer und Radfahrer. Mehrere unterschiedlich lange Wander- und Radwege gibt es dort. Zuletzt fährt man auf einer schmalen Straße wieder in Richtung Gelting. Entlang uriger Häuser, von denen vor einigen Waren angeboten werden. Obst, Bastelbedarf, Pflanzen, Kunstgegenstände. Wir fahren noch einmal mit zum Schloss und verabschieden uns mit dem Vorsatz, demnächst den etwas weiteren Weg ganz in den Norden Schleswig-Holsteins nicht zu scheuen. Zu schön ist es hier. Und zu reizvoll die Vorstellung, einfach mal mit den allerliebsten Freunden zwei Wochen lang die Fischerkate zu mieten.

Naturnah und romantisch sind die liebevoll eingerichteten Katen

Kontakt

Victor Baron von Hobe-Gelting
Ferienhäuser Schloss Gelting
24395 Gelting
Telefon: 04643 208896
E-Mail: ferienhaeuser@schloss-gelting.de
www.schloss-gelting.de

Ferienhäuser

Die Preise variieren stark nach Saison
und Größe und beginnen bei 90 Euro
(Küsterhäuschen in der Nebensaison)
und enden bei 360 Euro (Fischerkate in
der Hochsaison). Leihwäsche kostet 20
Euro pro Person und Aufenthalt. In der
Nebensaison gibt es bei Buchungen von 7
Nächten und länger einen Rabatt von 10
Prozent.

Alexandra Baronin von Hobe-Gelting
lebt mit ihrer Familie im für die
Öffentlichkeit nicht zugänglichen Schloss

Die Blick aus dem Küchenfenster des Ganghauses geht hinaus in die winzige Gasse. Alles ist schief und krumm, behaglich und uralt

Im Ganghaus:
Zeitreise auf drei Etagen

— Ich habe Brötchen geholt. Beim Bäcker gleich oben bei der Jakobikirche. Langsam schlendere ich die Engelsgrube hinunter und atme die frische Morgenluft ein. Die schmale Einbahnstraße ist holperig, der Bürgersteig ein wenig schief. Die 320 Meter lange Straße führt von der Breiten Straße hinunter zur Trave und liegt im Marien-Magdalenen-Quartier, einem alten Lübecker Seefahrerviertel. Weil die Straße, genau wie die benachbarte Fischergrube, früher einmal nachträglich begradigt und aufgeschüttet wurde, liegen die Eingänge und Fenster heute unterhalb der Aufschüttungen, sodass Stufen zu den Häusern hinabführen.

Im Vorbeigehen schaue ich in kleine Fenster. Ein Mann steht am Herd und brät Spiegeleier. Zwei Kinder decken den Tisch. Eine junge Frau joggt die steile Straße hinauf. Ein paar Touristen ziehen ihre polternden Rollkoffer hinter sich her und verschwinden schnaufend zwischen zwei Hauswänden. Schwupps. Weg sind sie. Als wären sie in ein Loch gefallen. Dann sehe ich den schmalen Gang, der in einen kleinen Tunnel durch die Hauswand von der Engelsgrube abgeht. Einer von sehr vielen. Denn von kaum einer anderen Straße in Lübeck sollen so viele Wohngänge abgehen wie von der Engelsgrube.

Es gibt in Lübeck rund 90 dieser alten Gänge, Torwege und Höfe. Sie entstanden im Mittelalter. Wohl während der ersten Hälfte des 14. Jahrhunderts. Damals blühte die Hanse. Und ihre Königin Lübeck wuchs. Von überall her kamen die Menschen und suchten das Glück. Innerhalb kurzer Zeit explodierte die Stadt von gerade mal 6.000 Einwohnern auf fast 20.000. Und weil einfach nicht genug Platz war für all die Menschen, entstanden nach und nach die Wohngänge. Erreichbar durch niedrige, schmale Durchgänge in den Vorderhäusern. Winzige Häuser für Menschen, die sich nicht viel leisten konnten, aber ein Dach über dem Kopf brauchten. Gegen Ende des 17. Jahrhunderts soll es rund 180 solcher Gänge in Lübeck gegeben haben. Schmal und schattig.

Neben mir poltert ein Lieferwagen die Straße hinauf. Ich mache es den Touristen von eben nach und verschwinde. Neben dem Haus mit der Nummer 41 tauche ich ein. Links rein, in den Bäckergang. Ich ziehe den Kopf ein, laufe den kleinen Tunnel entlang. Danach Stille. Wunderbare Stille. Es ist, als würde man in eine andere Zeit schlüpfen. Hinter dem Tunnel steht alles still. Keine Autos. Keine Hektik. Nur kleine Häuschen. Die meisten von ihnen liebevoll restauriert. Einige so alt, dass sie aus Fachwerk gebaut und windschief sind. Der Boden ist rot gepflastert. Und vor den Häusern sind winzige Vorgärten eingelassen. Blühende Stockrosen. Weiße Sprossenfenster. Vor fast jeder Tür mindestens ein Stuhl. Manchmal auch kleine Bänke und Tische. Blumentöpfe. Spielzeug. Fahrräder. Dann ein kleiner Hof, gleich hinter dem Eckhaus mit der Nummer 7.

Ich blicke zurück zum Tunnel. Krumm und schief wirken die Hauswände. Alles ein bisschen surreal. Leben in der Puppenstadt. Ich angele in meiner Tasche nach dem Schlüssel. Und schließe auf. Wir haben es gemietet, dieses kleine Zuhause für zwei Nächte. Im Erdgeschoss ein kleiner Flur, ein winziges Gäste-WC unter der Treppe und eine helle Wohnküche. Auf dem Boden uralte Fliesen mit Ornamenten. Eine moderne Küchenzeile, an der mein Mann gerade frischen Kaffee braut. Wir decken den Küchentisch, von dem man hinaus auf den Gang schauen kann. Unsere Tochter kommt mir im Flur entgegen und möchte unbedingt raus in den Innenhof. Der geht auf halber Treppe ab und ist rund 20 Quadratmeter groß, schattig und von hohen, berankten Mauern umgeben.

Geht man die Treppe im Haus weiter hinauf, ist da wieder ein kleiner Flur, von dem das Wohnzimmer abgeht, in dem zwei Sofas stehen, eins davon ist ein Schlafsofa. Noch eine Treppe weiter, steht man unter der Dachschräge. Mit großem Doppelbett und einem Duschbad mit Fußbodenheizung. Überall geht der Blick durch große Sprossenfenster über die alten Dächer, in Höfe und auf Rosenranken.

Wer wohl schon alles hier wohnte? Früher. Ganz früher. Das hat sich auch Dr. Katrin Middendorf so manches Mal gefragt, als sie das rund 55 Quadratmeter große Ganghaus vor einigen Jahren kaufte und liebevoll restaurierte. „Mein Mann und ich sind immer schon große Fans von Lübeck gewesen", erzählt sie mir später am Telefon. „Bevor ich meinen Mann kennenlernte, hatte ich eigentlich vor, mich als Ärztin mit einer Praxis in Lübeck niederzulassen. Doch dann gründeten wir eine Familie, kamen von Lübeck ganz ab. Erst als wir mit unseren beiden Söhnen Jahre später eine Radtour entlang der alten Salzstraße machten, waren wir wieder dort. Bei Glockengeläut. An einem wunderschönen Sonntagmorgen."

Damals entdeckten die Middendorfs das kleine Haus: „Es war gerade inseriert. Wir kauften und renovierten es. Das Haus steht unter Denkmalschutz. Und ist in einem der hübschesten Gänge, dem Bäckergang. Der heißt deshalb so, weil im vorderen Gang, wo man zum Haus hinein geht, der Bäcker wohnte. Das Haus wurde erst 1890 gebaut, früher stand an der Stelle eine Wäscherei." Die Wendeltreppe sei besonders urig: „Es wird erzählt, dass der Pfosten, der in der Wendeltreppe verbaut ist, ein alter Schiffsmast sei. Denn die Handwerker waren eigentlich auch Leute, die vom Schiff kamen, so hatte es in Lübeck Tradition. Sie kannten sich ja damit aus, auf sehr kleinem Raum zu bauen."

Viele Führungen gehen im Sommer direkt am Haus vorbei, sagt Katrin Middendorf. Und die Fachwerkhäuser gegenüber seien besonders alt, wohl aus dem 13. Jahrhundert, als die ersten Gänge entstanden. Wer ihr Haus mietet? „Vor allem Kulturinteressierte und Stadtbesichtiger, die ein verlängertes Wochenende da sind. Viele Pärchen. Lübeck ist ja eine sehr lebendige Stadt, gerade kulturell mit all den Museen." Besonders schön sei es im Frühling, im Mai, wenn die Rapsfelder rund um die alte Hansestadt blühen. „Und natürlich zu Weihnachten, da ist Lübeck mit seinen Weihnachtsmärkten absolute Spitze!"

Ja, zu Weihnachten wieder dieses Häuschen zu mieten, das können wir uns gut vorstellen. Wir frühstücken. Und manch ein Tourist vor dem Fenster wird plötzlich langsamer und schaut dezent zu uns hinein. Fragt sich vielleicht, wie es so ist, in so einem Haus. „Schön ist es!", würde ich dann antworten. Und schön ist auch Lübeck, wo wir noch den ganzen Tag vor uns haben. Die Stadt mit dem spätmittelalterlichen Holstentor, dem Hafen und den alten Backsteinhäusern. Die Stadt mit mehr als 200 Brücken, mit ihren berühmten sieben Türmen der fünf großen Innenstadtkirchen, die Stadt mit den großen Namen wie Thomas Mann und Günter Grass, die Stadt mit ganz viel Kultur, Fröhlichkeit und Urlaubsstimmung, feierte 2018 ihren 875. Geburtstag. Wir wollen sie entdecken. Und haben dafür gerade mal diesen einen Tag.

„Komm, wir spielen Bergsteigen. Wir steigen ab", sagt meine Tochter und hüpft die Engelsgrube hinunter, hangelt sich an den Hauswänden entlang und balanciert auf den Steinen. Unten angekommen schauen wir auf die in der Morgensonne glitzernde Trave, auf kleine Boote, den Museumshafen und die Drehbrücke und laufen nach links an der Untertrave entlang. Kleine Cafés. Menschen beim Frühstück. Und dann – die Offenbarung: Marzipan!

Schon beim Betreten des Lübecker Marzipan-Speichers an der Untertrave 98 bietet uns eine junge Frau Marzipanbruch aus einer riesigen Holzkiste an. Das aus der rohen Masse hergestellte Lübecker Marzipan und das geröstete Königsberger Marzipan. Dahinter tut sich eine süße Welt auf. Das Marzipanland, wo Marzipan-Meister Burkard Leu und sein Team auf über 600 Quadratmetern Verkaufsfläche alles anbieten, was Marzipan im Namen hat:

Marzipan-Liköre, Marzipan-Nudeln, Marzipan-Kaffee, Marzipan-Tee, Marzipan-Seife, Currywurst und Pommes aus Marzipan, Marzipan-Obst und den berühmten und immer frisch hergestellten Marzipan-Bruch, der günstig und unfassbar lecker ist. Eine Treppe höher gibt es ein kostenloses Marzipanmuseum. Da stehen „Guinness-Buch"-Rekorde wie das einzige Marzipankleid aus über 25.000 Marzipanpralinen, aber auch eine alte Bauernküche und historische Gerätschaften.

Ausgerüstet mit Marzipan in allen Variationen setzen wir unsere Tour fort, die Mengstraße hinauf. Die einzige Straße der Welt, in der die Vorfahren von gleich zwei Nobelpreisträgern lebten: die Großeltern von Thomas Mann und der Lehrer John Möller, der leibliche Vater von Willy Brandt. Schneeweiß leuchtet die Fassade des Hauses der Manns zwischen den roten Backsteinmauern der Nachbarhäuser hervor. Riesige weiße Sprossenfenster, ein sanft geschwungener Rokoko-Giebel. Heute beherbergt das Haus in der Mengstraße 4 als „Buddenbrook-Haus" ein Literaturmuseum, in dem man in die Geschichte der Familie Mann und in ihre Werke regelrecht eintauchen kann.

Klar und klug, flirrend und fragil – über die Werke, über die unterschiedlichen Lebenswege, den Brüderstreit zwischen Thomas und Heinrich Mann, ihr Leiden an Deutschland, ihren Aufbruch und ihren Nachhall in der Geschichte erzählt im Erdgeschoss die Dauerausstellung „Die Manns – eine Schriftstellerfamilie". Und hinter den fünf riesigen Fenstern der ersten Etage kann man in der Dauerausstellung „Die Buddenbrooks – ein Jahrhundertroman" eintauchen in Speise- und Landschaftszimmer. „Was ist das?", fragt unsere Tochter, verwundert über ein merkwürdiges Geräusch. Von Band wird das Geklapper und Gequietsche der Kutschen simuliert, das früher vom Kopfsteinpflaster der Mengstraße in die Räume hinaufklang. Hufgetrappel und das Knarren der Räder. Und nicht nur das: Läuft man mit einem der ausgelegten und mit Lesezeichen versehenen Buddenbrook-Bücher durch die beiden Zimmer, fühlt man sich wie im Roman, kann in den Familienalltag der Lübecker Kaufmannsfamilie eintauchen.

Zettel mit den Seitenzahlen sind überall, auf den Tischen, am Harmonium, am Puppentheater, am „Lübeckischen Anzeiger" von 1891, am Tisch, am Sofa. Da gibt es schwere Vorhänge, große Teppiche und alte Landschaftsgemälde. Ein junger Mann sitzt ganz in den Roman versunken auf einer Bank, abseits der Räume. Genau wie wir, steht er später auch unten im Museumsshop. Thomas, Heinrich, Golo, Erika, Klaus... In den Regalen stehen ihre Werke. Und wir finden noch etwas: ein sehr süß aufgemachtes Memory-Spiel vom Sängerkrieg der Heidehasen, hübsch verpackt mit CD. Die Geschichte ist zwar von James Krüss, aber macht ja nichts. Damit kuscheln wir uns gleich in „unserem" Gängehaus vors Sofa in der ersten Etage, hören zu und spielen.

Über drei Etagen geht das Haus, ist optimal genutzt und in einem entzückenden Mix aus Alt und Neu eingerichtet. Ein Ort, an dem man sich einfach nur gut fühlt

Vorher allerdings wechseln wir die Straßenseite und laufen zur Marienkirche, die mit ihrer imposanten Backsteingotik die Lübecker Altstadt prägt. Zuerst war sie noch als romanische Basilika geplant, doch 1251 begann der Umbau im Stil einer gotischen Kathedrale. Das Resultat ist eine hochgotische Basilika mit riesigem Ausmaß: 38,5 Meter hoch überspannen die Gewölbe das Mittelschiff, die beiden Türme erreichen 125 Meter. Obwohl die großen französischen Kathedralen als Vorbild dienten, mussten die Lübecker Baumeister den gotischen Stil geradezu neu erfinden, denn es gab in der norddeutschen Ebene kaum Steinbrüche. So wurden die mächtigen, hoch aufragenden Formen der Gotik mit kleinen, aus Ton gebrannten Backsteinen gebaut. Und auch wenn die Marienkirche nicht zu den allerersten Bauwerken dieses Stils gehört, so gilt sie doch als die Mutter der norddeutschen Backsteingotik, denn sie war das Vorbild für Kirchen im gesamten Gebiet der mittelalterlichen Hanse – von Dänemark bis Estland.

So manch eine Sage rankt sich um St. Marien, in der auch Thomas und Heinrich Mann getauft wurden. Am bekanntesten ist die Geschichte vom Teufel, der vorbeikam, als die Lübecker gerade ihre Marienkirche bauten. Als er wissen wollte, was das werden soll, logen sie ihn an, um ihn nicht zu verärgern, und sagten, da entstehe ein großes Wirtshaus. Ein Ort des Lasters – der Teufel fand das toll und fing gleich an, beim Bau zu helfen. Erst als die Kirche fast fertig war, merkte der Teufel, dass die Lübecker ihn reingelegt hatten. Er wurde wütend, griff nach einem Stein, um das Bauwerk damit wieder zu zerstören. Doch da sagten ihm die Lübecker, dass nebenan wirklich ein Wirtshaus gebaut wird: der Ratskeller. Der Teufel war besänftigt und ließ den Stein direkt neben der Kirche fallen. Dort liegt er noch heute. Und darauf sitzt ein putziges Teufelchen aus Bronze, auf dessen Schoß gerade unsere Tochter klettert.

Und noch eine Lübecker Kirche steht auf unserem Programm: St. Petri. Die rund 800 Jahre alte Kirche dient heute als eine Art Kirchenlabor, ein „Raum für Experimente in Sachen Ritual, Verkündigung und Dialog. In der Mitte der Stadt und dennoch auf der Grenze zwischen Welten: zwischen Religion und Kultur, alter Weisheit und neuer Wahrheit, Kirche und Gesellschaft, Glaube und Wissenschaft", wie es auf der Homepage heißt. In der Kulturkirche gibt es Ausstellungen, Lesungen und zeitgenössische Musik. Und einen Aufzug, mit dem wir auf den 50 Meter hohen Turm fahren. Die Aussicht ist sensationell: Altstadt, Holstentor, Häusergiebel, die glitzernde Trave. Wir können weit über das Land schauen, bis hinüber zur Ostsee und über die weite holsteinische Ebene.

Wir bummeln zurück. Durch die Breite Straße mit ihren Geschäften und dann hinüber zur Engelsgrube und hinein in unser kleines Haus, das wir an diesem Tag noch richtig genießen wollen. Wir spielen, lesen, lernen in der Gasse vor dem Haus eine neugierige kleine Katze kennen und machen uns dann für das Abendessen fein. Und das planen wir auch an einem Ort, an dem die Zeit still steht: der Schiffergesellschaft. Das Restaurant gegenüber St. Jacobi liegt fußläufig von unserem Gang. Urkundlich erwähnt wurde das Grundstück schon 1229. Im Jahr 1401 wurde dann die spätere Schiffergesellschaft als Bruderschaft gegründet. Ihr Zweck wurde mit den Worten „Zu Hilfe und Trost der Lebenden und Toten und aller, die ihren ehrlichen Unterhalt in der Schifffahrt suchen" beschrieben. 1535 kauft die Schiffergesellschaft das Haus und das Grundstück für damals 940 Mark, baut das Gebäude um und kauft weitere Nachbargebäude hinzu. 18 Wohnungen und die bis heute erhaltene historische Halle entstehen.

Die Schiffergesellschaft wird zu einer Institution für die Seefahrt, weit über ihr ursprünglich beschriebenes soziales Engagement hinaus. Sie ist zuständig für Schiffspässe, Schiffstaxen, Rechtsfragen, Schlichtungsaufgaben und die Bewachung des Hafens. Erst als 1866 der Zunftzwang aufgehoben wird, verliert die Schiffergesellschaft Mitglieder und damit auch die notwendigen Einnahmen. So entschließt man sich, Teile des Gebäudes der Öffentlichkeit zugänglich zu machen und als Restaurant zu verpachten.

Bis heute gibt es in der beeindruckenden Halle ein Restaurant. Und ein bisschen kommt man sich darin vor wie in einem riesigen Wimmelbild. Man schlemmt und schaut. Und schaut und schlemmt. Von den Decken hängen riesige Schiffsmodelle, mächtige Kronleuchter und Lampions. Man sitzt an großen Holztischen. Die Wände sind teils holzvertäfelt. Darüber reihen sich Bilder. Und überall: Relikte der Seefahrt, Geschichten und Geschichte. Auf der Speisekarte stehen neben edlen Fischgerichten auch handfestes Labskaus und Lübecker Fischsuppe. Das Essen ist sensationell. Die Bedienung unglaublich freundlich.

Perfekt, unser Tag in Lübeck. Und noch besser ist das zweite Erwachen im Ganghaus, das uns jetzt schon so vertraut ist. Wir wollen wiederkommen, denn immerhin haben wir an unserem Lübeck-Tag nur einen Bruchteil der Stadt gesehen. Wir packen die Koffer, schleppen alles die steile alte Treppe hinunter, schließen die Haustür hinter uns ab und werfen den Schlüssel in den Briefkasten. Spätestens zum Weihnachtsmarkt wollen wir wieder zurück sein.

Kontakt
Katrin Middendorf
Nierenburger Str. 44, 49497 Mettingen
E-Mail: mirp49@osnanet.de
www.luebeck-ferienhaus.info

Übernachtungen
Der Preis pro Übernachtung liegt zwischen 70 Euro (Nebensaison) und 80 Euro (Hauptsaison). Hinzu kommen einmalig 40 Euro Endreinigung sowie für Bettwäsche und Handtücher 12,50 Euro pro Person und Aufenthalt.

FOTO: PRIVAT

Ganz hinten am Ende des Bäckerganges geht es durch einen schmalen Tunnel zurück auf die Engelsgrube

Direkt am Strand: Das Stranddorf Augustenhof liegt inmitten der Natur, zwischen Ostsee, Dünen und weiten Feldern

Grube: Naturnah im Bio-Stranddorf

— Dass Tourismus und Umweltschutz kein Widerspruch sein müssen, haben wir auf unserer Tour schon mehrfach gesehen. Bei Christof Albrecht auf Camp Langholz zum Beispiel, wo alles auf biologischen Tourismus eingestellt ist. Oder in Gelting, wo die kleinen Katen der Baronin und des Barons sich sehr schonend in die Geltinger Birk einfügen. Das Stranddorf Augustendorf zwischen Dahme und Großenbrode geht noch einen Schritt weiter. Im Prospekt heißt es:

„Tourismus und Naturschutz vertragen sich nicht – so die Meinung vieler Naturschützer. Und auch viele Unternehmer, die ihr Geld im Tourismus verdienen, sehen in dem Bestreben, möglichst viel für die Bewahrung der Natur zu tun, eher eine Geschäftsschädigung denn eine Unterstützung ihrer unternehmerischen Chancen. Wir sehen das anders. Und deshalb nahmen wir es als Herausforderung, mit unserm Projekt ‚Stranddorf Augustenhof' den Gegenbeweis anzutreten. Ein Feriendorf nicht als Störfaktor, sondern im Einklang mit der Natur zu bauen, das war unser erklärtes Ziel." Und: „Wo immer sich uns die Möglichkeit dazu bot – so unser zweites Ziel –, wollten wir Vorreiter sein beim Einsatz innovativer Technik. Und zum Dritten wollten wir die Häuser und den uns zur Verfügung stehenden Freiraum auch ästhetisch anspruchsvoll gestalten."

Ob das gelungen ist, wollen wir uns anschauen. Der Weg zum Stranddorf ist lang. Und wunderbar einsam. Ganz langsam rollen wir eine etwas holprige Straße entlang, hinter einem Deich immer parallel zum Meer. Dann, auf der rechten Seite, sehen wir ein Dorf. 30 kleine, skandinavisch anmutende Ferienhäuser mit begrünten Dächern. Häuser mit kleinen Stachel-Mützchen. Mittendrin ein großes Haus mit Solarkollektoren auf dem Dach. Außerdem ein kleines Saunahaus. Und ein weiteres Haus, mit großer Sonnenterrasse, Aufenthaltsräumen und Bio-Lädchen. Letzteres enthält rund 150 unterschiedliche Bio-Produkte auf gerade mal 16 Quadratmetern.

Und mittendrin, zwischen Öko-Waschmittel und frischem Obst, steht Moritz Bollmann. Er ist Anfang 30, hat dunkle Locken und ein sympathisches Lachen. „Im Laden trifft man als Gast auf andere Gäste und lernt sich kennen. Er trägt mit dazu bei, dass aus den 30 Häusern ein richtiges Dorf wird", erzählt er. „Die Kunden können sich hier selbst bedienen und stecken das Geld einfach in die Kasse." Wie ein echter alter Tante-Emma-Laden, ist der Raum von früh bis spät offen. Für die Gäste sei das wichtig: „Wenn am Frühstückstisch die Butter fehlt, kann schnell einer laufen. Meist sind das die Kinder, denn für sie ist der Einkauf bei uns wie ein Spiel mit einem großen Kaufmannsladen. Und wenn Vorschulkinder morgens allein die Brötchen abholen, erleben sie voller Stolz einen wichtigen Schritt hin zur Selbstständigkeit."

Überhaupt: Kinder. Für die ist das hier ein Paradies. Sie können sich frei bewegen, denn dem Meer vorgelagert ist ein breiter Dünenstreifen. Dann erst kommt ein kleiner Naturstrand. Und dann das Meer, das an dieser Stelle sehr sanft und flach beginnt.

Mein kleines Mädchen hat im Aufenthaltsraum ein paar ältere Jungen entdeckt, die stolz ihre Strandfunde miteinander vergleichen. Leichte, braungolden schimmernde Steine. „Bernstein", sagt Moritz Bollmann. „Die Kinder haben da meistens mehr Glück als wir Erwachsene. Gerade wenn das Wetter ein paar Tage kalt war, findet man viel Bernstein hier am Strand."

Bevor wir uns auch auf die Suche machen, beziehen wir unser Haus. Es ist die Nummer 11, die Grasmücke. „Die Häuser sind nach den Tieren benannt, die hier leben. Und da gibt es viele", sagt Bollmann und schließt die Haustür auf. Stockenten, Turmfalken, Rebhühner, Fasane, Bachstelzen, Goldammern, Käuzchen, Feldhasen... Besonders Tiere, die eine offene Landschaft bevorzugen, haben sich auf der rund 15 Hektar großen Fläche des Stranddorfs Augustenhof angesiedelt. Mensch und Tier – sie leben friedlich nebeneinander.

Wir betreten das Haus. Innen ist alles frisch, sauber und hell. Eine Küchenzeile, ein Esstisch, eine Sofa-Ecke mit Kamin. Dazu zwei Schlafzimmer, ein Bad und eine Terrasse. Die Häuser haben alle ein besonderes Raumklima. Nicht zu warm, nicht zu kalt. Angenehm irgendwie. Das kommt vom doppellagigen Lehmputz im Innern. Lehm, so heißt es im Hausprospekt, sei „frei von Eigengeruch und vermag Fremdgerüche rasch zu absorbieren. Seine geringe Gleichgewichtsfeuchte (2-5%) ermöglicht trockene Wände, die ein angenehmes Raumklima ermöglichen. Lehm ist elektrostatisch neutral." Auch auf alle PVC-haltigen Baustoffe wurde beim Bau des Feriendorfes verzichtet. Die Ferienhäuser wurden mit unbehandelter Lärche beplankt. Energie wird zentral aus Sonne und Pellets erzeugt.

Also ein Ort zum Durchatmen. Wir packen aus, setzen uns auf die Terrasse und schauen zwischen den hölzernen Nachbarhäusern hindurch über die Felder. Es gibt keine Autos. Nur schmale Wege, die alle Häuser mitein-ander verbinden. Überall sind kleine Spielbereiche. Mal Stangen zum Ba-lancieren. Mal Wipptiere. Mal ein Hochstand. Und mal ein Netz, über das man Volleyball oder Badminton spielen kann. Es gibt ein paar dicke Bäume. Sandflächen. Kein geplantes Urlaubsglück, sondern alles frei und klar. Das spürt man schnell auch im Kopf. Wenn man runterfährt. Sich neue Ideen tummeln. Man sich wieder selber spürt. Neue Kraft entsteht.

„Wir finden jetzt Bernstein", beschließt meine Tochter und holt ihren Rucksack. Und dann ziehen wir los. Über die Wiese, den Dünenstreifen und eine kleine Holzbrücke hinüber zum Strand. Ich hatte vergessen zu fragen, wo genau der Bernstein liegt. Eher da, wo das Wasser ist? Oder unter den Muscheln? Also suchen wir überall. Kein noch so braun oder golden schim-mernder Stein ist vor uns sicher. Gefühlte zehn Kilo schwerer schleppe ich mich nach einer Stunde zurück und leere im Gemeinschaftshaus meine Ta-schen. „Und?", schaue ich Moritz Bollmann erwartungsvoll an. Der schüttelt den Kopf: „Nein, Bernstein sieht anders aus. Und er fühlt sich leichter an. Fast wie Holz."

Unsere Steine sind aber trotzdem schön, beschließen wir, und setzen uns ins Gemeinschaftshaus. Das ist komplett als Passivhaus gebaut und steht al-len Gästen offen. Während der Sommermonate gibt es zweimal wöchentlich selbstgebackenen Kuchen, frische Waffeln sowie heiße und kalte Getränke. Außerdem können Fahrräder ausgeliehen werden, es gibt einen Brötchen-service, Waschmaschinen, Trockner und in der Hauptsaison einmal in der Woche einen Bastelvormittag für Kinder. Außerdem werden regelmäßig Massagen angeboten, allerdings nicht im Gemeinschaftshaus, sondern auf der anderen Seite des Biodorfes, im kleinen Saunahaus.

Wie kommt man denn auf die Idee, ein ganzes Dorf als nachhaltiges Pilotprojekt zu bauen? „Wir wohnten schon immer in der Nähe und waren privat an diesem Strand", erzählt Moritz Bollmann. Irgendwann wollten sich seine Eltern, die beide als Filmemacher arbeiteten, beruflich verändern und überlegten sich, Ferienhäuser zu vermieten. Und dann war da dieses riesi-ge Feld: „Früher standen hier ein paar alte zerfallene Hütten, es wurde aber nichts genutzt", erinnert sich Bollmann, der 2009 nach seinem VWL-Stu-dium in die Vermietung mit einstieg. „2004 vermieteten meine Eltern die ersten Häuser. Sie haben alle Häuser komplett selber geplant, die Entwürfe gemacht und sich die Materialien überlegt. Wir waren früher als Familie viel in Schweden. Das spiegelt sich im skandinavischen Stil der Häuser wider. Und an der Kinder- und Familienfreundlichkeit, wie wir sie von unseren Ur-lauben kannten."

Keine Animation, keine trubeligen Promenaden am Meer? „Nein", Moritz Bollmann schüttelt den Kopf. „Der Großteil unserer Gäste sind Familien mit

Die Häuser sind energiesparend gebaut, werden durch eine Pelletheizung beheizt

meistens relativ kleinen Kindern. Man fährt hier nicht hin, damit man Aktion hat. Man möchte ankommen und den Kindern die Möglichkeit geben, frei zu spielen. Sie gehen selber einkaufen, treffen sich mit den Nachbarskindern. Das ist einfach eine sehr geschützte und sehr schöne Umgebung für Kinder."

Und für Erwachsene. Moritz Bollmann schaut aus dem Fenster. Freie Sicht. Unfassbar frei und weit: "Vielen Menschen wird diese Ruhe erst bewusst, wenn sie ein bisschen in die Ferne schauen, wenn morgens das Reh vor der Terrasse steht oder der Hase ums Haus hoppelt."

Leise ist es auch in unserem Haus. Gegen Abend heizen wir den Kamin an, setzen uns davor und überlegen, an welchen Ort wir wiederkommen wollen. "An alle", sagen wir. "Und ganz besonders an diesen. Am liebsten drei Wochen am Stück." Dann wäre mein Kopf so frei wie lange nicht mehr. Und mein kleines Mädchen hätte ganz viel Zeit und Raum zum Entdecken und um daran zu wachsen.

Kontakt
Stranddorf Augustenhof
Rosenfelder Strand 5, 23749 Grube
Telefon: 04365 979194
E-Mail: urlaub@stranddorf.de
www.stranddorf.de

Übernachtungen
Die Preise variieren nach Saison und Größe von 70 Euro (kleines Standardhaus in der Nebensaison) bis 200 Euro (großes Komforthaus in der Hochsaison). Die Mindestmietzeit beträgt 5 Übernachtungen.

Und ab an den Naturstrand: Kleine Holzbrücken führen vom Stranddorf direkt an den Naturstrand

HeiligenHAFEN

Blick von der Seebrücke
von Heiligenhafen hinüber
zur Bretterbude

Cool und außergewöhnlich

In der Globetrotter Lodge kann man nicht nur den Luxus eines Hotels mit gigantischer Aussicht genießen, sondern auch in Glamping-Zelten echte Lagerfeuer-Romantik erleben

Hüttener Berge

Ascheffel: Glamping am Zauberberg

— Es ist der Tag, an dem wir schwächeln. Mir ist dauerkalt, mein Kind hustet, die Handtücher sind klamm, der Picknickkorb hat Wasser abbekommen. Das wäre alles nicht so schlimm, würde jetzt die Sonne scheinen. Aber es schüttet. Und für einen Spätsommertag ist es schrecklich kalt. Wir hatten in einer Holzhütte übernachtet, auf einem Boot, in einem Zirkuswagen... Jetzt waren wir auf dem Weg zur Globetrotter Lodge. Der bekannte Outdoor-Ausstatter betreibt ein Hotel in den Hüttener Bergen, einem Naturpark westlich von Eckernförde, zwischen Fleckeby im Norden, Ascheffel im Osten, Alt und Neu Duvenstedt im Süden und Brekendorf im Westen.

Dort, auf dem knapp 98 Meter hohen Aschberg – und damit einem der höchsten begehbaren Orte in Schleswig-Holstein – steht die Globetrotter Lodge. Ein Hotel, das wie angeschmiegt am Berg liegt. Oben ein elegantes Restaurant, in dem alles an Abenteuer, an Wald und an Holz erinnert. Mit flackerndem Kamin und großartigem Blick auf das weite Land zwischen Nord- und Ostsee. Außerdem ein großer Aussichtsturm mit einer über 18 Meter hohen Kletterwand. Darunter sind stufenförmig die Zimmer an den Berg gebaut. Mit riesigen Fensterfronten.

Allerdings: Alles das war nicht in unserer Planung, denn die Globetrotter Lodge bietet neuerdings noch etwas an: Nordisk Glamping. Auf einer riesigen Wiese unterhalb des Hotels stehen wunderschöne weiße Zelte, alle ausgestattet mit Betten, Tischen und Outdoorstühlen. „Das ist das Richtige für jeden, der Komfort und Natur erleben möchte", heißt es auf der Homepage. „Die gemütlich eingerichteten Zelte bieten Platz für bis zu 16 Personen. Wir haben 2 Zelte für 2 Personen und 3 Zelte für 4 Personen. Unsere Zelte sind der ideale Ort für einen Familientrip in die Hüttener Berge oder einen gemütlichen Abend unter Freunden."

Schon von weitem sehen wir das Hotel. Der Turm ragt wie eine riesige Gräte aus der Landschaft heraus. „Da ist es", sage ich zu meiner Tochter und fahre einen steilen, für die Gegend wirklich sehr steilen Berg hinauf. Und dann sehen wir die Zelte. Wie sie so daliegen im strömenden Regen. Meine Tochter strahlt, vergisst ihren Husten. Und doch siegt die Vernunft. Vielleicht auch die Bequemlichkeit. Oben an der Rezeption angekommen, schaue ich mit treuestem Dackelblick den Hotel-Mitarbeiter an und frage nach einem Zimmer. So einem richtigen Zimmer: mit Weitblick, Dusche, Heizung, heißem Wasser, Wänden, Dach, Bett... Er nickt verständnisvoll: „Ein einziges Zimmer haben wir noch frei."

Wir laufen zum Auto. Ich schultere alle Taschen auf einmal, um kein zweites Mal den steilen Berg hinauf laufen zu müssen. Meine Tochter rennt vor, hüpft die Treppen hinauf, dreht sich um und ruft: „Nun mach schon, du lahmer Hase!" – Ich bin beleidigt. Schnaufe. Fühle mich alt. Und wuchte das Gepäck mit letzter Kraft ins Zimmer. Und dann – dieser Blick: Trotz des Regens ganz weit. Und irgendwo, ganz da hinten, da wo das Meer ist, ist der Himmel wieder klar. Ich schaue zu den Zelten, wie sie da im Regen stehen, und denke: ein anderes Mal, demnächst, dann seid ihr dran. Danach nehmen wir jeder eine warme Dusche. Und legen uns ins Bett. Perfekt: Das Kopfteil des Bettes ist zugleich eine gemütliche Rückenlehne, so kann man entspannt sitzen und direkt vom Bett aus durch die riesige Fensterfront die Aussicht genießen.

Als wir am Abend im Restaurant sitzen, denke ich, dass das Hotel ein ebenso cooler, außergewöhnlicher Ort ist wie die Glamping-Zelte. So ein Luxus, mitten am Berg. Direkt am Wald. „Wir sind ja Teil der Globetrotter-Akademie, die sich auch mit erlebnispädagogischen Fragen auseinandersetzt", erklärt mir später Stephan Lütke Twehues, der Betriebsleiter das Hotels. „Und wir sind nicht zuletzt auch Tagungs- und Seminarhotel und bieten viel zum Thema Teambildung an. Hier und an vielen anderen Standorten. Das fängt mit Schülern der vierten Klasse an und hört mit dem Vorstand riesiger Firmen auf."

Ein Anziehungspunkt sei neben der Natur und den großartigen Wanderwegen der Aussichtsturm: „Wir betreiben den Turm, aber er ist für alle frei zugänglich. Man kann mit einem Aufzug oder über eine Treppe hinauf und dann sehr weit gucken. Eigentlich sieht man immer die Eckernförder Bucht, die Schlei und auch immer ein paar Punkte von Schleswig. Bei gutem

Wetter kann man Kiel sehen, die hohen Türme der Hafenanlagen. Man kann Rendsburg gut erkennen, hat einen schönen Blick auf den Westensee und wenn das Wetter ganz, ganz gut ist, kann man sogar bis zur Nordsee gucken, zumindest sieht man die Windräder."

Auch die Glamping-Zelte seien ein Anziehungspunkt: „Glamping ist momentan sehr in. Unsere Zelte sind richtig möbliert." Warum wollen plötzlich so viele Menschen vor der eigenen Haustür Abenteuer erleben? Stephan Lütke Twehues überlegt: „Zum einen gibt es den Trend, dass viele Leute schon vieles in ihrem Leben gemacht haben und schon überall waren. Es geht für sie jetzt beim Reisen nicht mehr so darum, viele Kilometer abzureißen. Der Wert eines Urlaubs wird nicht mehr, so wie es vielleicht vor 20 Jahren war, an der Entfernung gemessen. Sondern es geht eher darum, etwas zu erleben und Sachen zu machen, die man bislang noch nicht gemacht hat. Erlebnisse zu schaffen."

Und die sollen möglichst komfortabel sein. Stephan Lütke Twehues: „Viele haben beim Thema Glamping diese romantische Seite von Camping im Kopf, aber auch ihre Rückenprobleme, keine Lust auf Nässe und all das. Da scheint Glamping eine Möglichkeit zu sein, diese romantischen und schönen Dinge mit einem gewissen Komfort in Verbindung zu bringen. Die Menschen wollen Zeit draußen verbringen, Ruhe erfahren. Ihnen ist es wichtig, irgendwo zu sein, wo man total runterfahren kann."

Während oben im Hotel viele Geschäftsreisende und Gäste aus dem Ausland einchecken, seien es in den Zelten eher Großeltern mit Enkeln oder Eltern mit Kindern, „einfach alle die, die am harten Camping keine Freude haben. Es sind auch viele Leute aus der Region, die einfach mal runterkommen wollen. Unsere Glamping-Gäste kommen vor allem aus Deutschland, während im Hotel der Anteil der skandinavischen Gäste sehr hoch ist. Die Skandinavier sind bei Outdoor-Themen ganz anders aufgestellt. Für sie ist das selbstverständlicher. Dafür müssen sie nicht extra herkommen."

Stephan Lütke Twehues wohnt in Schleswig – und liebt die Landschaft, vor allem den Wald rund um die Hüttener Berge: „Meiner Meinung nach einer der schönsten Wälder Schleswig-Holsteins. Ein klassischer Geheimtipp. Die Hüttener Berge sind etwas für Aktivurlauber, Radwanderer, Wanderer, Mountainbiker, Rennradler, die den Berg hier in ihre Touren einbinden, um mal ein paar Höhenmeter zu machen." Nach acht Jahren als Hotelier in der Kölner Innenstadt hatte Lütke Twehues, Vater von zwei Kindern, „das Gefühl: Wir müssen aus der Großstadt raus." Er selber liebt Outdoor-Touren mit seiner Familie: „Ich will nicht im Hotel Urlaub machen, da kann ich überhaupt nicht abschalten. Ich bin gerne draußen. Wir gehören eher zu denen, die ‚hartes' Camping bevorzugen. Wir waren im Sommer eine Woche in Norwegen, und dann wirklich eine Woche komplett draußen, hatten

Lebensmittel für eine Woche dabei, waren komplett autark. Ein Traum. Den Kindern hat es total Freude gemacht."

Sein Rat an Eltern, die mit ihren Kindern ebenfalls lieber Camping, Glamping und Co. bevorzugen: „Sich den Kindern anpassen, um es ihnen nicht zu verleiden. Die Kinder müssen das Tempo vorgeben. Sie sollen keine negativen Erfahrungen machen und dann irgendwann sagen, sie haben keine Lust."

Am nächsten Morgen ist bei uns die Lust wieder da. Wir klettern noch einmal am Turm. Schauen in die inzwischen wieder trockenen Zelte. Der kleine Hüpfer und der lahme Hase. Morgen, das nehmen wir uns vor, schwächeln wir nicht wieder.

An den Berg geschmiegt: die Globetrotter Lodge in Ascheffel

Kontakt

Globetrotter Lodge
Aschberg 3, 24358 Ascheffel
Telefon: 04353 998 000 10
E-Mail: rezeption@globetrotter-lodge.de
www.globetrotter-lodge.de

Übernachtungen

Die Preise für Nordisk Glamping liegen bei 69,00 Euro (Übernachtung inklusive Frühstück im 2-Personen-Zelt für 2 Personen) und 99,00 Euro (Übernachtung inklusive Früstück im 4-Personen-Zelt für 4 Personen).

FOTOS: GLOBETROTTER LODGE, PRIVAT

Hoch hinaus: Klettern können große und kleine Abenteurer am Turm neben der Globetrotter Lodge

Beschläge, Knöpfe, Schnallen, Gurte… Da fühlt man sich wirklich wie eine kleine Maus, die sich in einem Reisekoffer verirrt hat

Schmilau:
Schaukelschlafen im Koffer

— Dass Ratzeburg so idyllisch liegt, war mir vorher nicht klar. Eine richtige kleine Insel. Eingebettet vom Ratzeburger See, dem Kleinen Küchensee, dem Domsee und dem Großen Küchensee. Es gibt einen Dom, einige kleine Museen, recht urige Häuschen. Ein bisschen scheint die Kleinstadt im Dornröschenschlaf zu liegen. Im einstigen deutsch-deutschen Grenzgebiet. Und wir lassen es auch schlafen, fahren weiter, halten uns rechts Richtung Mölln und sehen dann links eine Einfahrt zum Bahnhof Schmilau, zur „Erlebnisbahn Ratzeburg".

„Wo ist es denn?", fragt unsere Tochter und klettert aus ihrem Kindersitz. „Irgendwo oben", meint mein Mann. Wie Hans-guck-in–die-Luft laufen wir drei los. „Da!", schreit unsere Tochter und zeigt in einen Baum, der gleich neben einem alten Mitropa-Schlafwagen wächst. Dort oben, in etwa fünf Meter Höhe, hängt ein überdimensionaler Koffer. Um hinaufzukommen, betreten wir zuerst den Waggon, in dem auch die Duschen und Toiletten untergebracht sind. Direkt auf der gegenüberliegenden Seite geht es wieder raus und eine schmale Wendeltreppe hinauf. Ein wenig schaukelt es.

Oben angekommen stehen wir auf einem kleinen Balkon mit gemütlichen Holzsesseln und einem weiten Blick über die Felder. Öffnet man die Tür – schwupps, da schrumpft man. Steht man nämlich einmal im Inneren des Koffers, ist da nicht nur ein riesiges Kingsize-Bett, sondern auch eine überdimensionale Zahnpastatube und eine riesige Zahnbürste. Ja, man fühlt sich wie eine Maus, die aus Versehen in einem rot ausgepolsterten Koffer gelandet ist. Sogar eine Minibar gibt es. Außerdem eine Heizung, Regale und ein Bullauge. Besonders toll ist aber dieses Schaukeln. Der Koffer hängt sicher in einem Gestell, aber er wippt und wackelt eben doch. Vor allem dann, wenn einer von uns die Treppe rauf- oder runtergeht. Oder wenn ein besonders begeisterter kleiner Mensch auf dem Balkon steht und vor Freude hüpft.

Gemeinsam steigen wir die – übrigens für die Nacht sehr geschickt beleuchtete – Treppe wieder hinunter, kreuzen den Waggon und stehen wieder unten auf dem Gelände der Erlebnisbahn. Uns gegenüber steht eine aufwändig restaurierte und bunt bemalte alte Lok. Dazwischen öffnet sich ein riesiges Gelände. Überall stehen alte Eisenbahnwaggons. Ein Teil umgebaut – vom einfachen Schlafwagenabteil bis zur doppelstöckigen Suite. Außerdem gibt es ein Café auf dem Dach eines Waggons. Und es gibt tatsächlich eine Saunalok mit Whirlpool. Gleise verlaufen einmal quer über das Gelände und überall sehen wir Kinder und Erwachsene, die auf merkwürdigen Fahrrädern fahren. Oder es zumindest versuchen. Es gibt völlig abgefahrene Modelle, die beim Fahren rauf- und runterhüpfen. Es gibt „6teambikes", auch Konferenzfahrräder genannt, auf denen bis zu sechs Leute an einem runden Tisch sitzen, sich gemütlich unterhalten und dabei in die Pedale treten. Außerdem sind da noch Großdraisinen, Kleindraisinen, Schienenfahrräder...

Der Mann, der sich das alles ausgedacht hat, ist Oliver Victor, der Geschäftsführer der Erlebnisbahn. Er selber wohnt auf dem Gelände in einer alten Lokomotive. Den Koffer baute er 2014. Doch diese Sache mit dem Bahnhof, den Eisenbahnen, diesen völlig abgefahrenen Ideen, die macht er schon etwas länger, erzählt er: „Seit 18 Jahren. Damals hatte ich mein Einfamilienhaus verkauft und mir dafür eine Bahnstrecke gekauft. Dann fing ich an, diese Draisinen zu bauen und Fahrten damit anzubieten."

Waggon für Waggon baute er um. Immer anders, immer neu: „Jeder ist ein Kunstwerk und ganz aufwändig gestaltet. Sie heißen Afrika, Ägypten, Amazonas oder Hawaii. In Hawaii sind Palmen, im Amazonas Gebüsch und gebastelte Heuschrecken. Dann haben wir den Herbst und den Frühling – mit Bäumen, die über zwei Etagen wachsen."

Als „Bahnsinniger" bezeichnet sich Oliver Victor. Aber er ist niemand, dem es in erster Linie darum geht, historische Eisenbahnwagen vor der Verschrottung zu retten, alte Bahnstrecken zu erhalten oder nach und nach ein Museum aufzubauen. Im Gegenteil: „Ich habe zwar Freude an den Eisenbahnen gefunden, aber immer Wert darauf gelegt, eine Erlebniswelt daraus zu machen", erklärt er. Victor ist Anfang 50, war früher mal Programmierer: „Ich habe aber nur fünf Tage studiert, dann zehn Jahre lang als Softwareentwickler gearbeitet und das dann an den Nagel gehängt. Ich mache alles gerne: Holz, Metall, Architektur, habe gerne mit Gästen zu tun."

Mit Schulklassen, die begeistert über das Gelände wuseln. Oder mit Paaren, die gerne in Baumhäusern übernachten. „Manchmal schenken sich Pärchen gegenseitig eine Übernachtung im Koffer, wenn eine Reise ausgefallen ist", erzählt Victor. Und im zur Erlebnisbahn Ratzeburg GmbH gehörenden Jugendbahnhof Hollenbek in Niedersachsen, wo es ein noch viel größeres Baumhaus gibt, passierten vor einiger Zeit sogar recht merkwürdige Dinge:

„Ein Pärchen hatte im Baumhaus geschlafen und darin offenbar ein Kind gezeugt. Jedenfalls posteten sie das Bild des Babys neun Monate später auf Facebook", erzählt Oliver Victor lachend. „Danach wurde es lustig, denn es gibt offenbar nicht nur Leute, die ihren Urlaub an außergewöhnlichen Orten verbringen wollen, sondern auch solche, die ihre Kinder dort zeugen wollen. Permanent kamen spontane Anfragen von Paaren, ob denn das Baumhaus rasch frei sei. Das war ein regelrechter Zeugungstourismus."

Wer in der Erlebnisbahn Ratzeburg übernachtet, kann sich ein ganzes Paket mit Angeboten zusammenstellen, gleich in Ratzeburg mit der Draisine losfahren, an Erdbeerfeldern vorbei bis hin zur Erlebnisbahn. Man kann unter zahlreichen unterschiedlichen Übernachtungsorten wählen und auf dem Gelände immer wieder neue skurrile Dinge wie zu Klos umgebaute Telefonzellen entdecken. Schauen und staunen. „Draisine fahren, Kanu-Touren machen. Gedacht war das eigentlich für Leute mit Kindern, aber die gibt es immer weniger", sagt Oliver Victor. „Kinder wissen manchmal gar nicht mehr, dass es Schlafwagen gibt. Sogar Eisenbahnfahren kennen manche nicht. So landen wir hier immer mehr in der Historienecke."

Wir kennen Eisenbahnfahren. Und finden es toll. Jetzt aber klettern wir erst einmal wieder zurück in den Koffer, machen es uns gemütlich und freuen uns über das sanfte Schaukeln. Am nächsten Morgen setzen wir uns auf den Balkon und schauen über die Felder. Die Eisenbahnwaggons liegen noch ruhig da. Noch keine Besucher, noch keine Touristen, keine Kindergruppen. Wir duschen im angrenzenden Waggon, packen ein und gehen einmal quer über das Gelände: In einem roten Waggon, der roten Villa, steht ein üppig für uns gedeckter Frühstückstisch. Stilecht mit Porzellan aus alten Speisewagen.

Als wir – satt und zufrieden – zu unserem Wagen gehen, entdecken wir etwas zwischen den Bäumen. Noch ein Baumhaus! Dieses aber in Form eines kunterbunten Vogelhäuschens. Innen ist es winzig und hoch und irgendwie gemütlich. „Die sind einfach und sehr beliebt", sagt Oliver Victor. „Es sieht von außen wie ein richtiges Vogelhäuschen aus, nur eben so groß, dass darin zwei Menschen wohnen können. Ein Meter Vorraum und dann eine große Matratze von 1,40 Metern."

Dann zeigt er uns zum Abschied noch etwas. Seine neueste Idee. Ein Haus, an dem er noch baut, das aber demnächst ebenfalls vermietet werden soll. „In Hamburg wurden gerade U-Bahn-Wagen verschrottet. Davon habe ich mir einige Drehgestelle mit diesen Doppelachsen geholt. Die stellen wir jetzt aufs Gleis und bauen ein Tiny-House darauf." Der Begriff kommt aus den USA und bezeichnet ein winziges, aber vollständig bewohnbares Haus. „Das wird total cool aussehen, so mit Spitzdach, zwei Etagen und 3,60 Meter mal 3,60 Meter groß. Es wird komplett eingerichtet sein, mit Küche und

Das Kofferhotel und zig andere abgefahrene
Übernachtungen rund ums Thema Eisenbahn
gibt es im Erlebnisbahnhof in Schmilau

Bad." Und was jetzt kommt, ist genial: „Das Bett wird auf einer variablen Schublade stehen, die man ausfahren kann, um in vier Meter Höhe draußen schlafen zu können. Darüber ist ein Velux-Fenster mit Regensensor. Wenn es anfängt zu regnen, zieht der Motor die Schublade automatisch wieder rein, das merkt man gar nicht."

Da ist sie wieder, die nächste Idee. Auch für uns. Nach Nächten in Koffern, Katen, Fässern, Zirkuswagen oder Booten – warum nicht demnächst mal in einer Schublade?

Der Koffer von Innen: Da schlängelt sich ja sogar eine Schlange auf dem Bett

FOTOS: PRESSEMATERIAL WWW.ERLEBNISBAHN-RATZEBURG.DE (4)

Kontakt

Erlebnisbahn Ratzeburg GmbH
Am Bahnhof im Zug, 23911 Schmilau
Telefon: 04541 883216
E-Mail: info@erlebnisbahn-ratzeburg.de
www.erlebnisbahn-ratzeburg.de

Übernachtungen

Kofferhotel: 99,80 Euro für 2 Personen pro Nacht, am Wochenende 109,80 Euro zuzüglich einmalig 35 Euro Endreinigungspauschale. Frühstück dazu buchbar für 7,50 Euro pro Person.

Geschäftsführer Oliver Victor ist voller Ideen. Das Kofferhotel war dabei nur eine unter vielen. Aber eine gute!

Butzenblick aus der Bretterbude.
Klar, dass in so einem Seeräuberbett
die Träume von großen Abenteuern
und einsamen Inseln ganz von
selber kommen

Heiligenhafen:
Kuschelkoje mit Meerblick

— „Holzklasse" steht auf dem Schild am Parkplatz. Darüber der Schriftzug „Bretterbude". Man kann das Meer bereits riechen. Und hören. Das Rauschen der Wellen und die Schreie der Möwen. Aber Holz? Ja, da ist auch Holz. Das ganze Hotel, das sich imposant zum Meer hin gegen den Wind stellt, ist hölzern. Und warum immer wieder von „Holzklasse" die Rede ist, hatten wir vorher schon auf der Homepage gelesen: „Holzklasse, weil dieser Begriff unseren Grundgedanken auf den Punkt bringt. Oder besser gesagt: Den Nagel auf den Kopf trifft – direkt ins Holz quasi. Unser Motto ist also so einfach wie die Holzklasse: Gute Qualität, kreativ interpretiert!" Und: „Die Außenfassade der Bretterbude ist – natürlich – mit Echtholz verkleidet. Hier haben wir bewusst vier verschiedene Holzarten verwendet. Da diese verschieden schnell altern, gibt es einen schönen und authentischen Vintage-Look."

Auch in der Hotellobby ist fast alles aus Holz. Und alles ein bisschen retro, ein bisschen abgefahren. Da gibt es eine lederne Sitzgarnitur vor einem hohen Bücherregal. Tische aus Holzfässern. Ein Sofa wie eine Kissenburg. Einen witzigen Fotoautomaten. Unter einem großen Flachbildschirm, auf dem gerade „Forrest Gump" läuft, fährt ein Junge auf einer Indoor-Minirampe mit seinem Skateboard. Gestrichener Estrich. Bemalte Betonwände. Immer wieder Holz. „Hi! Schön, dass ihr da seid. Ihr habt die kleine Butze", werden wir begrüßt. In der „Bretterbude" sagt man du. Und fühlt sich wie eine große Familie. Alles ist lässig und locker, ohne dabei aufgesetzt zu wirken. Alles ist auch ein bisschen einfacher als in anderen Hotels. Und dennoch fehlt der Service nicht.

Wir bekommen unseren Schlüssel und laufen los. Durch lange schmale Gänge, von denen dicke Eisentüren abgehen. Wie auf einem Schiff. Wie im Maschinenraum. Die Zimmer heißen in der „Bretterbude" Butzen. Insgesamt 86 gibt es davon, erzählt uns die stellvertretende Hoteldirektorin Katrin Jung später. Es gibt kleine Butzen, die gerade mal 12,3 Quadratmeter groß sind, es gibt Etagenbutzen mit einer 7,5 Quadratmeter großen zusätzlichen

Schlafempore, es gibt große Butzen, sogar mit freistehender Holzzuber-Badewanne mit Meerblick, es gibt große und kleine Ferienbutzen, mit 85 bis 105 Quadratmetern richtig groß und geräumig, und es gibt sieben Spezialbutzen: Da ist jede individuell nach den Kooperationspartnern der „Bretterbude" eingerichtet – darunter die „fritz-Butze" mit eigener Kletterwand, die „skate-aid Butze" mit skatebaren Wohnelementen oder die „Audiolith-Butze" mit eigenen Instrumenten.

Unsere Butze ist winzig. Wir betreten sie im Gänsemarsch, können dann aber wieder vor dem riesigen Bett nebeneinander stehen – und staunen. Der Blick ist gigantisch und das Bett wirklich genau im Fenster, kuschelig eingerahmt von dicken Kissen, auf denen uns Piratenköpfe freundlich anschauen. Lampen im Industrie-Design baumeln neben dem Bett. Das kleine Duschbad hält Zeitschriften für entspannte Kloleser vor. Und überall gibt es Hinweise auf die Themen Seefahrt und Surfen. Oder Skaten. Alles mit Brettern eben. Unsere Kleidung hängen wir in einen dicken bunten Eisenschrank. Unsere Bücher legen wir auf den kleinen Schreibtisch, über dem dezent und weit oben ein Flachbildschirm hängt. Es gibt ein Radio, es gibt WLAN. Kann man nutzen, muss man nicht. Wir wollen Ruhe. Und diesen Blick.

Nach dem Ankommen schlendern wir durchs Hotel. Durch einen Wellness-Bereich mit finnischer Saunahütte, Dampfhütte und Knetkammer, einen Hängematten-Ruhebereich mit echtem Sand und coolem Strand-Feeling. Durch das Restaurant Strandschuppen und die im Hafenkneipen-Stil aufgezogene Spelunke. Über den Parkplatz zum Strand. Und sehen: Der hintere Teil des Parkplatzes ist gar kein Parkplatz. Eher eine Art Camp mit elf Bulliplätzen, Stromanschlüssen und angrenzendem Gebäude mit Duschen, Waschräumen, Toiletten und Neoprentrockenraum. Wir schlendern über die Seebrücke, die im Zickzack auf 48 jeweils 18 Meter langen Stahlpfählen 435 Meter ins Meer hineinragt. Mit Spielbereichen, hölzernen geschwungenen Ruheliegen, zweigeschossigen und mitunter verglasten, windgeschützten Bereichen und einem weiten Blick bis hinüber nach Fehmarn und zurück aufs Festland. Dort ragt die „Bretterbude" imposant auf. Links neben ihr sieht man den Graswarder. Ein Naturschutzgebiet, an dem entlang ganz alte reetgedeckte Fachwerk- und Holzhäuser stehen. Eine der teuersten Wohngegenden von ganz Schleswig-Holstein. In den Fünfzigerjahren wurde die einstige Insel mit der Nachbarinsel Steinwarder verbunden, die wiederum künstlich mit der Innenstadt von Heiligenhafen verbunden ist.

Hinter der „Bretterbude" liegen die Häuser des „Beach Motel", das zur gleichen, von Geschäftsführer Jens Sroka geleiteten Company gehört, aber mit seinem Ostküstenflair ein höheres Preissegment anspricht. Bei der „Bretterbude" geht es hingegen um Sport – am liebsten auf dem Brett, erklärt uns Katrin Jung: „An der Ostsee gibt es viele Standardhotels, wir woll-

Egal ob man zur Bretterbude oder in die Ferne schaut, **die Seebrücke ist ein Erlebnis**

ten bewusst eine andere Zielgruppe ansprechen: Kiter, Skater, eben alles was mit Brettsport zu tun hat. Das Thema haben wir dann in die Bretterbude reflektiert. Bude, Brett, Holz...“

Erlebnishotellerie, die in ganz Europa immer beliebter wird, bei uns aber noch weitgehend fehlt. Katrin Jung: „Wir wollen weg vom Mainstream, wollen jung, dynamisch, außergewöhnlich sein. Aber inzwischen stellen wir fest, dass das Konzept eigentlich alle anzieht. Wir haben auch Leute 60 plus, die das einfach witzig finden und hinterher sagen, sie hätten sich richtig dazugehörig gefühlt.“

Seit die „Bretterbude“ im Herbst 2016 an den Start ging, wurde die Promenade immer lebendiger. Sie führt vom Steinwarder in Richtung Yachthafen und Innenstadt. Wir gehen auf Entdeckungstour und finden „Tante Emma“: einen kleinen Bioladen, in dem man frisch gebackene, noch leicht warme Striezel bekommt. Außerdem Miet-Gokarts. Unser Kind schnappt sich eines und düst los. Geschickt zwischen bummelnden Urlaubern hindurch. Es gibt kleine Geschäfte, Eissalons, Cafés, Restaurants. Alles sehr trendig, aber nicht aufgesetzt. Erfrischend. Urlaubsstimmung, irgendwie.

Mit Striezeln, Rotwein und Orangensaft sitzen wir abends auf unserem Butzen-Bett und schauen aufs Meer. Man sieht die Lichter der indirekt beleuchteten Seebrücke, den einen oder anderen Spaziergänger und immer wieder kleine Boote auf dem Wasser. Wir schauen so lange hinaus, bis es ganz dunkel ist. Die Vorhänge lassen wir geöffnet und freuen uns darauf, am Morgen von der Sonne geweckt zu werden. Und die blitzt und strahlt und leuchtet wie das Meer. Ein Erwachen wie im Freiluftkino. Nach einer herrlich entspannten Nacht in unserer kuscheligen Koje.

Zu dritt wird es eng, aber gemütlich in den ganz kleinen Butzen

Kontakt

Bretterbude
Seebrückenpromenade 4,
23774 Heiligenhafen
Telefon: 04362 50040
E-Mail: ahoi@bretterbude.de
www.bretterbude.de

Übernachtungen

Der Preis pro Übernachtung beginnt bei
39 Euro (kleine Butze, Landblick) pro
Nacht.

Coole Kiste: die Bretterbude in
Heiligenhafen ist ein Hotel, in dem man
auf Entdeckungstour gehen kann

Hawaii-Feeling hat man in der Kailua Lodge in Pelzerhaken in den luxuriösen Häusern und Wohnungen ebenso wie in den kleinsten Mini-Lodges

Neustadt

Pelzerhaken:
Hawaii am Ostseestrand

— Da ist es wieder. Das Schwächeln. Diesmal nicht wegen eines Wolken-
bruchs. Nein, wegen einer Sauna. Uns ist einfach danach. Ursprünglich war
der Plan, in der Kailua Lodge in Pelzerhaken in einer Mini-Lodge zu übernachten. Das sind nette, kleine runde Hütten im hawaiianischen Stil. Mit
Strohdach und Surfer-Motiven an den Innenwänden. Unten steht ein Sofa,
es gibt eine Kochgelegenheit, Tische, Stühle und ein Duschbad. Über eine
steile Holztreppe geht es auf eine Schlafempore, von der aus man durch ein
Dachfenster in die Sterne schauen kann. Die Mini-Lodges liegen nur 200
Meter vom Strand entfernt und sind ideal für Wassersportler, die gleich nebenan die Surf- und Segelschule nutzen können, für spontane Wochenend-
trips an die Ostsee – und eigentlich auch für uns.

Aber dann zeigt uns Kailua-Lodge-Managerin Jacqueline Tröger die Ferienwohnung Typ D2. Und wir stehen in einem absolut traumhaften Wohnzimmer. Mit offenem Kamin. Offener Küche. Offenem Blick über das ha-
waiianisch anmutende Feriendorf. Und dann ist sie da: die ebenfalls offene
Saunatür. Und weil es draußen so kalt und ungemütlich ist, entscheiden wir
uns spontan um. Die riesigen Ferienwohnungen haben ebenfalls diesen an
Palmen und Surfparadiese erinnernden Stil. Aber eben zusätzlich puren Luxus, zwei Bäder, zwei Schlafzimmer, die eigene Sauna...

Die Kailua Lodge ist ein Hawaii-Dorf am Strand, gleich neben dem alten
Leuchtturm von Pelzerhaken. Entstanden ist sie durch die Surfbegeisterung
ihres Erfinders Bossi Güven. Der kaufte 2010 das mehr als 11.000 Quadratmeter große Grundstück von der Stadt Neustadt, zu der Pelzerhaken gehört.
Er hatte schon 2008 die „Sail & Surf"-Wassersportschule eröffnet, denn Pelzerhaken ist bekannt für seine idealen Bedingungen für Windsurfer, Kiter
und Stand-up-Paddler. Und weil immer mehr Kunden Güven nach geeigne-

Von den großzügigen Wohnungen geht der Blick hinüber zum Strand

Die Einrichtung ist luxuriös, zugleich aber auch jung, bunt und voller Südseefeeling

ten Übernachtungsmöglichkeiten fragten, entstand die Idee, Unterkünfte zu bauen, die zu beiden passen: zu Ostseeliebhabern und zu Wassersportfans.

Bossi Güvens Begeisterung für Hawaii beeinflusste seine Pläne. Und so entstand ab 2014 in drei Bauphasen die Kailua Lodge. Insgesamt 38 Ferienunterkünfte, darunter 16 luxuriöse Ferienhäuser über zwei Ebenen mit direktem Zugang zum Strand, zwei Lodge-Inseln mit je vier Lodges und zwei Mini-Lodges sowie acht Ferienwohnungen im hinteren Bereich des Grundstücks. Ostseeurlaub mit Südseeflair inmitten einer immergrünen Gartenlandschaft mit raschelndem Bambus und – abgesehen von zwei Golfwägelchen, die das Gepäck vom Parkplatz zu den Häusern bringen – gänzlich autofrei.

Vor dem ersten Saunagang gehen wir los, Spaghetti kaufen. Außerdem wollen wir den Strand sehen, die kleine Promenade und den lieblich geschwungenen Küstenabschnitt. Wir gehen über einen hölzernen Bohlenweg, der sich zwischen Strand und Dünen entlangschlängelt und an der kleinen Seebrücke mit Seebrückenplatz und kleiner Promenade endet. Ein paar Strandkorbvermieter, schöne Kinderspielbereiche, ein paar kleine Läden, Cafés und Restaurants. Pelzerhaken ist beschaulich. Wir kaufen ein und gehen am Strand entlang zurück. Kochen. Sauna. Essen. Sauna. Balkon. Sauna. Schlafen. Pure Entspannung.

Wir frühstücken noch an unserem schönen langen Holztisch, der vor der offenen Küchenzeile steht. Dann fahren wir ab, machen aber noch eine Rast am Hafen von Neustadt. Die kleine Stadt hat sich gemausert in den letzten Jahren. Nette Läden. Nette Lokale. Wir essen in Klüvers Brauhaus noch ein Fischbrötchen. Und verabschieden uns von der Ostsee.

Nach unserem langen Strandspaziergang wartet eine **herrliche Sauna** auf uns

Kontakt

Kailua Lodge KG
Auf der Pelzerwiese 24, 23730 Neustadt
Telefon: 04561 5588229
E-Mail: info@kailualodge.de
www.kailualodge.de

Übernachtungen

Der Preis pro Übernachtung liegt in der
kleinsten Mini-Lodge zwischen 119 Euro in
der ersten Nacht und 84 Euro in den Folgenächten (Nebensaison) bzw. zwischen
104 Euro in der ersten Nacht und 65 Euro
in den Folgenächten. Die große Ferienwohnung mit Sauna kostet zwischen 258
Euro in der ersten Nacht und 109 Euro
in den Folgenächten (Nebensaison) bzw.
zwischen 318 Euro in der ersten Nacht und
179 Euro in den Folgenächten (Hauptsaison). Preise inklusive Strom, Wasser,
Heizung, Endreinigung.

Die Aussicht genießen und
eine Mischung aus Ostsee-
und Südseeluft schnuppern

Unsere Nacht im Schwimmbad

sleeperoo

— Blubb. Blubb. Blubb... Ich muss bei den Geräuschen heute Nacht bestimmt ständig aufs Klo, ist mein erster Gedanke. – Glucker. Glucker. Glucker... Mein zweiter Gedanke: Mir ist jetzt schon so warm. Löse ich wohl die Alarmanlage aus, wenn ich nachts ein Fenster öffnen will? – Blubb. Blubb. Blubb... Viel- →

Im Gang zwischen dem Erlebnisbad und dem Meerwasser-Wellenbad steht unser **sleeperoo** im **FehMare**

leicht steige ich heute Nacht um 2 Uhr einfach mal in den Whirlpool. Oder wir spielen morgen früh zusammen Wasserball. Nur wir drei. So bei Sonnenaufgang und mit Blick aufs Meer. – Glucker. Glucker. Glucker...

Das sind die Gedanken, die man hat, wenn man nachts in einem Schwimmbad eingeschlossen ist. Alleine mit seinen beiden Lieblingsmenschen. Irgendwie so eine Mischung aus „Ist ja völlig abgefahren!" und „Och, wie romantisch!", aber auch „Jetzt wird es mir aber etwas mulmig!" Die Mulmigkeit ist dann schneller weg als vermutet. Was bleibt, ist irre lustig. Und total abgefahren.

So abgefahren, wie die Idee vom sleeperoo an sich schon ist. Ausgedacht hat sich das Konzept Geschäftsführerin Karen Löhnert, die mit ihrem Startup in Hamburg angesiedelt ist und zuvor in unterschiedlichen Positionen in der Tourismusbranche gearbeitet hat, zuletzt als Geschäftsführerin des Landesverbands des Deutschen Jugendherbergswerks Mecklenburg-Vorpommern. Ihre Idee: Sie bietet bundesweit nachhaltige Pop-up-Erlebnisübernachtungen an. An Orten, an denen man immer schon einmal übernachten wollte, es bislang aber nie für möglich hielt. Eine Nacht im Museum zum Beispiel. Am Strand. Vor einem riesigen Aquarium. Oder auf einem einsamen Berggipfel.

Wie es dazu kam? „In Mecklenburg-Vorpommern, einem Land mit einer großen Saisonspitze, die vier Monate beträgt, mussten wir immer schon überlegen, wie man das überbrückt, wie man etwa besondere Übernachtungsmöglichkeiten schafft. So habe ich damals schon auf dem Gelände der Jugendherberge Beckerwitz ein Baumhausdorf konzipiert." Außerdem seien da noch zwei ganz persönliche Leidenschaften: „Erstens finde ich es toll, immer unterschiedliche Übernachtungsmöglichkeiten auszuprobieren, also Baumhäuser, Türme, Hausboote... Zweitens lag mir das Thema Nachhaltigkeit schon immer sehr am Herzen. Also habe ich beides zusammengepackt und daraus ein eigenes Angebot geschaffen." Das sleeperoo.

Um immer wieder neue spannende und außergewöhnliche Orte zu finden, holt sich Karen Löhnert immer wieder neue Partner ins Boot. Für drinnen. Und für draußen. „Das Angebot musste ganzjährig sein, damit es auch betriebswirtschaftlich sinnvoll ist. So haben wir ein Objekt geschaffen, das man sowohl indoor als auch outdoor nutzen und aufstellen kann." Damit man sich, wie in einem Kokon, auch an den abgefahrensten Orten sicher und geborgen fühlt, hat sie eine Art Wohnwürfel erfunden. Den futuristisch anmutenden sleep Cube. Zwölf Kubikmeter groß und speziell für außergewöhnliche Erlebnisübernachtungen konzipiert.

Unser sleeperoo – es ist der Prototyp, denn wir sind Testschläfer – steht im FehMare. Einem großen Erlebnisbad auf Fehmarn. Direkt am Südstrand gelegen und ganze 4.500 Quadratmeter groß. Gut sichtbar thront es im

Gang zwischen Erlebnisbad und Meerwasser-Wellenbad, direkt an einem riesigen Panoramafenster. Eine eigenartige Mischung aus Zelt und kleinem Wohnwagen ist es. Innen mit einer großen Sojaölkernmatratze, auf der wir locker zu dritt Platz haben und die eine komfortable Ablagefläche umrahmt. Am Kopfende gibt es verschließbare Fächer. An den Decken- und Seitenteilen kann man die wetterfesten Stoffbahnen öffnen und schließen, verdunkeln und nach Belieben variieren. Man schläft unter Schafschurwolldecken und hat Kissen in unterschiedlichen Härtegraden. Es gibt eine stromsparende LED-Beleuchtung und eine Taschenlampe, sollte es auf dem Weg zum Klo mal zu dunkel sein.

Apropos: An das Gluckern gewöhne ich mich schnell. Nach knapp einer Stunde hat es geradezu eine meditative Wirkung auf mich. Ich will jetzt nur noch Geglucker. Immer. Bitte. Neben dem sleeperoo steht ein Strandkorb. Ein zusätzlicher Service vom FehMare. Darin liegt ein Zettel: „Für Gäste des sleeperoo reserviert!" Ich setze mich in den Strandkorb und sehe den letzten Badegästen zu, die das FehMare verlassen. Ein Bademeister spannt ein rotes Flatterband um die Becken und reicht uns einen Zettel, den wir unterschreiben müssen, denn eigentlich ist es nicht erlaubt, ohne die Aufsicht eines Bademeisters ins Wasser zu gehen. Wir unterschreiben, dass wir das, wenn, dann nur auf eigene Gefahr tun. Und, mal ehrlich: Das tiefe Meerwasser-Wellenbad wird eh abgeschlossen, was bleibt ist ein Kinderbecken und ein Erlebnisbad mit Whirlpool. Überall können wir stehen.

„Dürfen wir das denn?", fragt unsere Tochter immer wieder mit strengem Blick. Sie ist fünf und hat das dringende Bedürfnis, auf ihre Eltern aufzupassen. „Ja", sage ich, „irgendwie schon" und schlüpfe fröhlich grinsend unter dem Flatterband hindurch ins Wasser.

„Mama! Das ist verboten!"

„Nein, ist es nicht. Nur auf eigene Verantwortung. Ehrlich! Du darfst das!"
Zaghaft kommt sie ins Wasser. Und strahlt überglücklich.

Mein Mann klettert auf den weißen Bademeister-Stuhl. Mit einem Gesichtsausdruck, als hätte er davon sein Leben lang geträumt. Er baumelt fröhlich mit den Beinen und sieht uns dabei zu, wie wir mit fünf Bällen gleichzeitig Wasserball spielen, durchs Wasser wirbeln, planschen, laut sind. Es ist der Wahnsinn – wir dürfen das alles machen. Stören niemanden. Sind völlig frei. Völlig für uns. Und das eine ganze Nacht lang.

Wir setzen uns in den Whirlpool. Es blubbert herrlich. Wir schauen durch die riesigen Panoramafenster hinaus aufs Meer. Sehen, wie der Abend geht und die Nacht kommt. Auf dem Rückweg zum gläsernen Gang, in dem das Sleeperoo steht, merke ich, dass auch meine Sorge um die Frischluft völlig unbegründet war. Erstens ist es im Gang viel kühler geworden als im restlichen Schwimmbad. Zweitens hatte der nette Bademeister die Alarmanlage an den beiden wirklich wichtigen Türen für uns abgeschaltet: der Tür in den Außenbereich zum Strand und der zum Getränkeautomaten.

Noch um Mitternacht planschen wir abwechselnd im Wasser, im Whirlpool, oder wir liegen mit unseren Büchern am Rande des Kinderbeckens, in dem unsere Tochter begeistert spielt. Der absolute Wasser-Overkill. Draußen ist es stockdunkel. Und langsam werden wir müde. Und hungrig. Da natürlich das Pool-Restaurant nicht für uns geöffnet bleibt, haben wir nichts zu essen. Oder doch: Da gab es diesen Karton, den man uns am Eingang in die Hand gedrückt hatte. Den packen wir jetzt aus. Und staunen. Und lachen. Und sind völlig begeistert. Obenauf liegt ein Zettel, der alles erklärt: „Für deine Nacht im sleep Cube haben wir dir tolle nachhaltige Produkte in deine Chill Box gepackt. Lass dich überraschen und entdecke leckere Snacks, fruchtige Getränke und vieles mehr!"

Wir wühlen und finden zuerst einmal das, was wir jetzt dringend brauchen: Essen! Knusper-Schoko-Snacks, Fruchtpapier und Wirsingchips. Außerdem entdecken wir einen grünen Mango-Grünkohl-Spinat-Smoothie, Mango-Nektar und ein kleines Fläschchen Merlot mit Drehverschluss. Und weil wirklich an alles gedacht ist, liegen auch noch Ohrstöpsel, eine Rolle mit dem Blauen Engel zertifiziertes Toilettenpapier sowie vegane und fair produzierte Einhorn-Kondome in der Box.

Nachhaltigkeit ist Teil des Konzepts, erklärt Karen Löhnert später: „Jeder kann mit seinem eigenen Tun ein bisschen dazu beitragen, dass es der Erde jeden Tag etwas besser geht. Wir bespielen das Thema nicht mit dem erhobenen Zeigefinger, sondern versuchen überall da, wo wir dem gerecht werden können, unser Angebot nachhaltig zu gestalten."

Wir gehen noch kurz in die extra für uns reservierten Duschen, putzen die Zähne und ziehen uns – immerhin liegen wir direkt am Panoramafenster – unsere zuhause mit Sorgfalt ausgewählte Nachtwäsche an. Was mich betrifft einen blau-weiß karierten Pyjama. Schon etwas beduselt vom Merlot, fallen wir auf die nachhaltig produzierte Matratze und sehen fasziniert zu, wie unser Kind freundlich lächelnd nach hinten kippt und von einer Sekunde auf die nächste tief und fest und mit einem breiten Grinsen einschläft.

Auch wir sind im Nu eingeschlafen und werden erst in aller Frühe vom Klappern der Putzfrauen wach. Dass sie kommen, wusste ich. Das stand in den Unterlagen, die wir bekommen hatten. Allerdings hatte ich eine Loriot-artige Szene erwartet, in der ich morgens meinen Kopf aus dem sleeperoo stecke und eine ganze Putzkolonne um mich herumwuselt. Im Gegenteil. Mit Rücksicht auf uns bleibt es ruhig. „Na? Schwimmen?", flüstere ich meiner Tochter zum Aufwachen ins Ohr. Und schwupps, sind meine Beiden wieder wach. Ich gehe als Erste aus dem Zelt. In meinem blau-weiß karierten Schlafanzug stehe ich um 6 Uhr morgens im zu dieser Zeit sonst völlig leeren Schwimmbad. Da fährt draußen ein junger Mann auf einem Skateboard vorbei, sieht mich aus dem Augenwinkel und klammert sich – offenbar von meinem Anblick völlig verwirrt – an einem Geländer fest, während sein Skateboard ohne ihn weiterfährt. Ich winke freundlich. Er schaut mich kopfschüttelnd an. Und geht weiter. Hinter seinem Skateboard her.

Wir ziehen uns wieder die Schwimmsachen an und nutzen die Zeit. Noch drei Stunden, dann kommen die ersten Badegäste ins FehMare. Und die nächsten Gäste, die eine Nacht im sleeperoo gebucht haben. Vorher müssen wir noch unsere Testschläfer-Fragebögen ausfüllen. Wie es uns gefallen hat. Was man noch verbessern könnte. Denn nur wenige Wochen nach uns wird das sleeperoo seinen Betrieb ganz offiziell aufnehmen und an immer wieder neuen Orten Träume wahr werden lassen.

Eine Frage auf dem Bogen ist die nach Orten, an denen man schon immer mal übernachten wollte. In einem Buchladen, schreibe ich. Und in einem großen Schlosspark. Und was haben die Testschläfer vor und nach uns geschrieben? „Die meisten Äußerungen sind wiederkehrend", sagt Karen Löhnert. „Die Menschen wollen gerne in der Natur sein, am Meer oder auch auf dem Berg." Deshalb haben sich Löhnert und ihr Team für den ersten Sommer im sleeperoo Kooperationspartner mitten in der Natur gesucht – „unter anderem einen total idyllischen Biobauernhof im Schwarzwald. Außerdem sind wir im Schwarzwald auf dem Sommerberg in Bad Wildbad, von dem aus man direkt auf den Baumwipfelpfad schauen kann." Und am Meer? „Sind wir auch. Das sleeperoo steht in Sellin und Großenbrode auf den Seebrücken. Ganz weit draußen. Eine ganze Nacht nur umgeben vom Meer. Im Alten Land bei Hamburg stellen wir den Cube mitten in einer Apfelplantage auf. Und in Hamburg wird er gleich vor dem Theater von ‚König der Löwen' stehen, sodass man von dort aus direkt auf Hamburg schauen kann."

Und wir? Wo wollen wir demnächst im sleeperoo übernachten? Ich bleib dabei: Eine Nacht im Buchladen, das wäre – ja, genau: ein Traum!

Kontakt
Immer wieder neue, aktuelle Übernachtungsorte stehen unter *www.sleeperoo.de* und sind auch gleich dort online buchbar.

Übernachtungen
Der Preis pro Übernachtung liegt je nach Ort zwischen 90 und 250 Euro.

In der mitgelieferten Box ist alles, was man so braucht: Rotwein, Smoothies, Kondome, Klopapier…

Das Meeresrauschen und die Schreie der Möwen hören, die salzige Luft schmecken, den Wind und die Sonne auf der Haut spüren, die Füße ins Wasser halten,...

Infos und Service

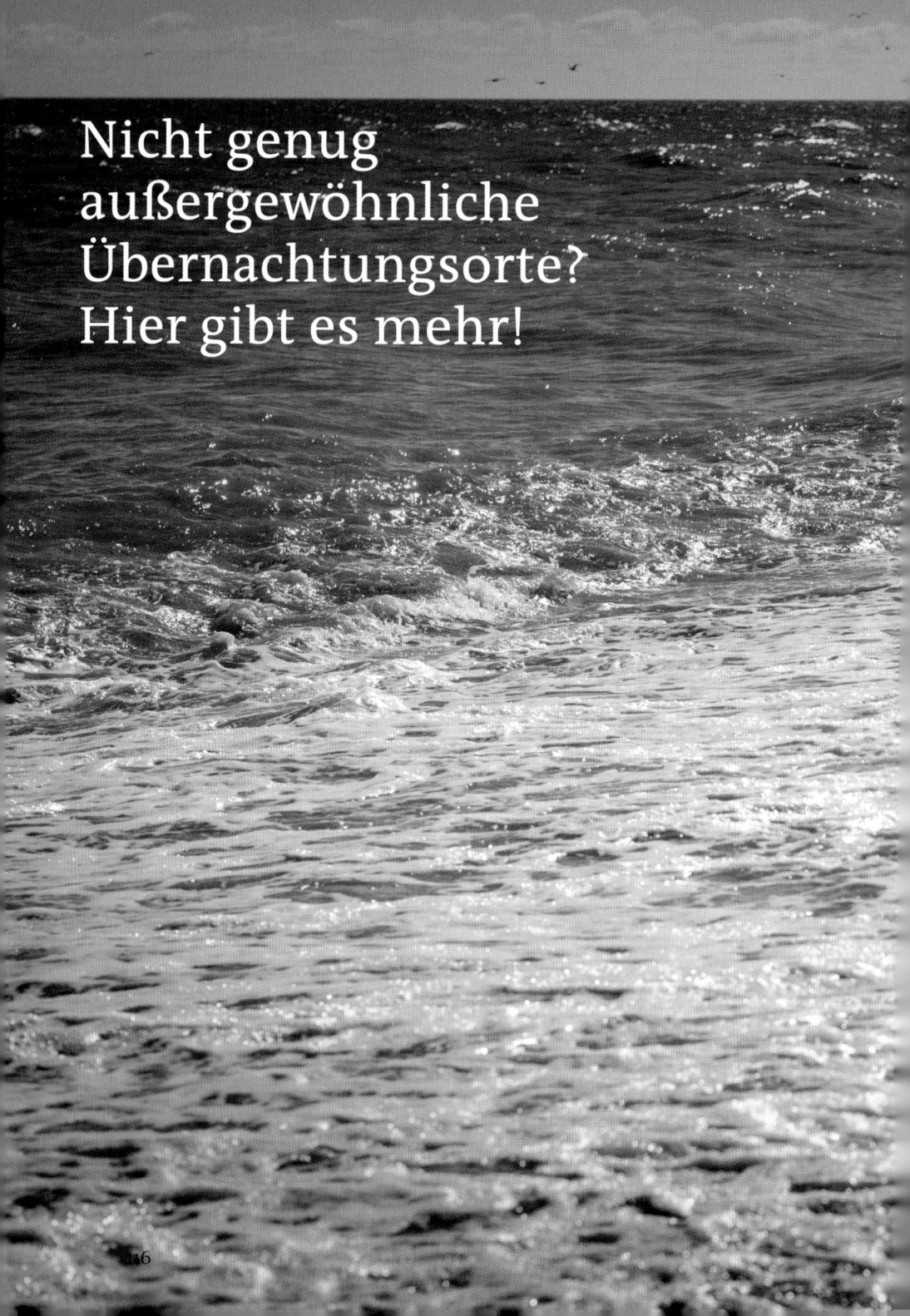

Nicht genug außergewöhnliche Übernachtungsorte? Hier gibt es mehr!

... Glamping und Abenteuer

Eine Nacht im Zelt: Wer einen Campingplatz sucht, der nicht zu groß ist und auf dem man ungestört und nah am Strand sein Zelt aufschlagen kann, findet ihn direkt unter dem Falshöfter Leuchtturm in Pommerby. Mit einer Fläche von drei Hektar ist der Campingplatz Seehof an der Ostsee schön überschaubar und herrlich gelegen.

Info:
Familie Mielenz
Gammeldamm 5, 24395 Pommerby
Telefon: 04643 693
E-Mail: info@camping-seehof.de
www.camping-seehof.de

FOTO: PR

(Noch) eine Nacht im Hausboot: Ganz tolle Hausboote bauen Stefan Bode und sein Team von „Stern-Hausboot". Die bunten Ferienwohnungen auf dem Wasser liegen unter anderem auf Fehmarn im Hafen von Burgstaaken und in Großenbrode. Praktisch: Wer am liebsten gar nicht mehr von Bord gehen will, kann bei Stefan Bode auch ein Hausboot kaufen.

Info:
Stern Hausboot GmbH
Bisdorf 5c, 23769 Fehmarn / OT Bisdorf
Telefon: 04371 / 888 79 55
E-Mail: info@stern-hausboot.de
www.stern-hausboot.de

Eine Nacht im Nirgendwo: Wildes Zelten ist verboten? Denkste! In Schleswig-Holstein gibt es da die eine oder andere Möglichkeit. Sehr wild. Sehr einfach. Und doch völlig legal. Im Rahmen des inzwischen ausgelaufenen Projektes „Wildes Schleswig-Holstein" ist eine Karte mit rund 20 Orten entstanden – vom Übernachtungsplatz am Jugend-waldheim Süderlügum oder einem ehemaligem Truppenübungsplatz ganz im Norden bis zum Erlebniswald Trappenkamp oder der Segeberger Heide im Süden.

Damit man die Plätze nicht verfehlt und sein Zelt am Ende doch an einem unerlaubten Ort aufstellt, sind auf der Seite alle Koordinaten genannt, außerdem Hinweise und Beschreibungen.

Alle Infos unter: *www.wildes-sh.de oder www.facebook.com/WildesSH/*

Noch mehr ...

... romantisch und historisch

Eine Nacht im Himmelbett: Das geht im Ferienappartement von Gut Panker, seit 1739 Landsitz der Grafen zu Hessen. Herrlich gelegen an der Hohwachter Bucht und bekannt für eine aktive Gutsgemeinschaft, seine Trakehnerzucht und das historische Gasthaus „Ole Liese". Das Appartement kann man ab zwei Übernachtungen mieten, pro Nacht ab 85 Euro.

FOTO: PR

Info:
Alte Oberförsterei auf Gut Panker
24321 Panker
Telefon 04381 40 49 50
E-Mail: info@antiquitaeten-hammerich.de
www.torhaus-panker.de

Eine Nacht auf dem Weingut? In Schleswig-Holstein? Klar, ein bisschen weit nördlich klingt das ja, aber die Lage passt dennoch. Und deshalb gedeihen auf dem Ingenhof in Bad Malente, also mitten in der Holsteinischen Schweiz, richtig gute Weine. Außerdem gibt es Pferde, Ponys, Katzen, Hühner und viele weitere familienfreundliche Tiere. Und natürlich Weinproben und viel Urlaubs-Gesundheit mit Sauna und Kneipp-Anwendungen. Ferienhaus und Ferienwohnungen sind allergikergerecht und kosten je nach Größe und Saison zwischen 65 und 130 Euro pro Nacht.

FOTOS: PR

Info:
Weingut Ingenhof
Dorfstraße 19, 23714 Malente-Malkwitz
Telefon: 04523 / 202 159
E-Mail: info@ingenhof.de
www.ingenhof.de

Eine Nacht am Strand: Seit der Sommersaison 2016 stehen sie an Nord- und Ostsee und haben sogar schon den Tourismuspreis gewonnen: Schlafstrandkörbe! Die Weltneuheit aus Schleswig-Holstein. Rund 20 Körbe gibt es an der Ostsee, verteilt auf zehn Orte: Eckernförde, Weißenhäuser Strand, Fehmarn, Kellenhusen, Grömitz, Scharbeutz, Timmendorfer Strand/Niendorf, Travemünde, Geltinger Bucht und am Falkensteiner Strand an der Kieler Förde.
Die Strandkörbe sind 1,30 Meter breit und 2,40 Meter lang, haben drei Fenster und ein großes Faltdach. Die Liegefläche ist etwa 1,20 Meter breit und 2,10 Meter lang. Das Verdeck kann man nach Belieben öffnen, aber eben auch komplett schließen. An den Seiten gibt es lustige Bullaugen. Und vorne hat das Verdeck ein Fenster, so dass man die

FOTO: TA.SH / JENS KÖNIG

Sicht aufs Meer auch dann noch genießen kann, wenn das Verdeck geschlossen ist. Abdunkeln kann man die Fenster auch. Neben den Schlafstrandkörben gibt es meistens noch Tisch und Stühle – für das wunderbarste Frühstück am Strand, das man jemals hatte.

Schlafen unter freiem Ostseehimmel, das Rauschen der Wellen im Ohr und den Meergeruch in der Nase. Herrlich!

Die Preise für Übernachtungen im Schlafstrandkorb variieren stark. Je nach Ort, zusätzlichem Rundum-Paket, Dauer und mitgebuchtem Service kostet die Übernachtung zwischen rund 40 Euro und rund 100 Euro.

Auch tagsüber kann man die Schlafstrandkörbe mieten, dann für einen entsprechend günstigeren Preis. Die Körbe sind wasserdicht, wetterfest und immer in der Nähe einer öffentlichen sanitären Einrichtung aufgestellt.

Alle Infos unter:
https://www.sh-tourismus.de/
urlaubswelten/schlafstrandkorb

Noch mehr ...

... cool und außergewöhnlich

Eine Nacht mit Ostküstenflair: Das Beach Motel in Heiligenhafen erinnert an ein Hotel an der US-Ostküste, hat einen großen Spa-Bereich, und es gibt viele fantasievolle Arrangements wie den Sweet Sunday: eine Übernachtung im Doppelzimmer an einem Sonntag inklusive Frühstücksbuffet, Pool- und Saunanutzung ab 45 Euro pro Person. Außerdem gibt es neben den Zimmern und Suiten auch 62 Beach Apartments auf dem Gelände – mit teilweise tollen Extras wie einer eigenen Sauna, freistehender Badewanne oder sogar einem Whirlpool auf der Terrasse! Restaurant und Wellnessbereich im Haus können mitgenutzt werden, ein Starterpaket füllt den Kühlschrank vor Anreise, so dass man nicht extra noch einkaufen muss.

Info:
Beach Motel Heiligenhafen
Seebrückenpromenade 3, 23774 Heiligenhafen
Telefon: 04362 / 500 30
E-Mail: heiligenhafen@beachmotels.de
www.beachmotel-hhf.de

FOTO: ANDREA FLAK

Eine Nacht in der Jugendherberge: Hoch oben auf der Steilküste thront die als besonders familienfreundlich bekannte Jugendherberge des Ostseeheilbads Dahme, am Nordwestrand der Lübecker Bucht zwischen Grube und Kellenhusen gelegen. Witzig: Das Sommerhaus ist wie ein riesiger Maulwurfshügel gebaut. Ein Erdhaus mit einem besonders nachhaltigen Heizungskonzept.

Eine weitere Jugendherberge an einem besonderen Ort in Schleswig-Holstein ist die Jugendherberge Ratzeburg (ganz unten). Sie ist ganz neu, hat eine Sauna und eine Dachterrasse und liegt direkt am Ratzeburger See, wo Familien und Gruppen an Segelkursen teilnehmen, aber auch Kanus, Tret- und Paddelboote, Wasserfahrräder und Drachenboote mieten können. Von der Dachterrasse aus kann man den herrlichen Blick auf den See und die gemütliche Altstadt von Ratzeburg genießen.

Info:

Jugendherberge Dahme
Dahmeshöved 1, 23747 Dahme/Ostsee
Telefon: 04364 47 01 73
E-Mail: dahme@jugendherberge.de
www.jugendherberge.de/jugendherbergen/
dahme-685/portraet/
Übernachtung mit Frühstück
ab 25,20 Euro

Jugendherberge Ratzeburg
Reeperbahn 6-14, 23909 Ratzeburg
Telefon: 04541 840 95 04
E-Mail: ratzeburg@jugendherberge.de
www.jugendherberge.de/jugendherbergen/
ratzeburg-732/portraet/
Übernachtung mit Frühstück ab 25,60 €

FOTO: DJH-LANDESVERBAND NORDMARK E.V.

Diese hübschen Hühner laufen in der Arche Warder frei herum und begrüßen die Besucher

Tiere und Natur

Tiere und Pflanzen kennenlernen? Das kann man an der Schleswig-Holsteinischen Ostseeküste und dem Landesinneren an vielen Orten und auf viele Weisen. Hier unsere Tipps.

WARDER: Arche Warder

Alte Haustierrassen zum Kennenlernen, Streicheln und Schmusen. Ganz viele spannende Entdeckungen, regelmäßige Themen-Veranstaltungen und eine wunderschöne Landschaft. Und natürlich Holzhütten, in denen man mitten im Tierpark übernachten kann (siehe Seite 14).

Infos:
Arche Warder
Langwedeler Weg 11, 24646 Warder
Telefon: 04329 913 40
E-Mail: info@arche-warder.de
www.arche-warder.de
Öffnungszeiten: täglich 10 bis 20 Uhr bzw. im Herbst und im Winter bis zum Einbruch der Dunkelheit.

GROSSENASPE: Wildpark Eekholt

Zwischen Bad Bramstedt und Bad Segeberg liegt die Naturerlebnisstätte Wildpark Eekholt. Der hat es sich seit mehr als 40 Jahren zur Aufgabe gemacht, heimische Tiere in ihrer natürlichen Umgebung zu zeigen und Menschen nachhaltig für die Natur zu begeistern. Es gibt mehr als 700 Tiere und rund 100 Arten, darunter Wölfe, Rehe, Hirsche und Greifvögel. Und es führen herrliche Wanderwege durch das 67 Hektar große Areal.

Infos:
Wildpark Eekholt
Eekholt 1, 24623 Großenaspe
Telefon: 04327 992 30
www.wildpark-eekholt.de
Öffnungszeiten: ganzjährig geöffnet. 1. März bis zum 31. Oktober Einlass 9 bis 18 Uhr,

GRÖMITZ: Zoo Arche Noah

Präriehunde, Löwen und Schimpansen an der Ostsee? Etwas versteckt liegt im Ostsee-bad Grömitz der zehn Hektar große Zoo Arche Noah. Mit riesigem Spielgelände inklusi-ve Ponyreiten und kleiner Eisenbahn, witzigem Schimpansenhaus und viel Freifläche für lange Spaziergänge, unter anderem durch die Kamerunanlage und die Kamelanlage.

Infos:

Zoo Arche Noah

Mühlenstraße 32, 23743 Grömitz

Telefon: 04562 56 60

www.zoo-arche-noah.de

Öffnungszeiten: März bis Oktober 9 bis 18 Uhr, November bis Februar 9 Uhr bis Ein-bruch der Dunkelheit.

TIMMENDORFER STRAND: Sea Life

Gut 40 Becken und Aquarien und rund 2500 Tiere aus verschiedenen Regionen der Welt verteilen sich im Sea Life Timmendorfer Strand auf mehrere Themenwelten. Darunter ein Regenwald mit Zwergottern, Königsboas und Piranhas, eine Oktopushöhle, ein tro-pischer Ozean mit Haien und Meeresschildkröten und einem aufregenden Ozeantunnel. Dazu jede Menge Spannendes rund um das Thema Unterwasserwelt.

Infos:

Sea Life

Kurpromenade 5, 23669 Timmendorfer Strand

Telefon: 01806 666 901 01 (0,20 Euro je Anruf aus dem dt. Festnetz, Mobilfunk max. 0,60 Euro je Anruf)

www.visitsealife.com

Öffnungszeiten: täglich 10 bis 17 Uhr (Januar bis März und November bis Dezember), 10 bis 18 Uhr (April bis Juni und September bis Oktober), 10 bis 19 Uhr (Juli bis August). Letzter Einlass jeweils eine Stunde vor Schließung.

SCHWACKENDORF: Barfußpark

Spaß bis in die Zehenspitzen verspricht der Barfußpark in Schwackendorf, der zwischen Gelting und Kappeln liegt. Auf dem Gelände eines ehemaligen Bauernhofs kann man die Natur ertasten und erspüren, durch vielerlei Arten Matsch waten, über Baumstäm-me balancieren, durch einen Weidentunnel krabbeln oder an frischen Kräutern riechen. Außerdem gibt es auf dem rund 2,5 Hektar großen Gelände einen Streichelzoo mit Zie-gen, Schafen, Kaninchen und Schweinen, Spielplätze für alle Altersstufen, eine witzige Erlebnis-Minigolfanlage und eine Terrasse, auf der man Kaffee und Kuchen genießen kann.

Infos:
Barfußpark Schwackendorf
Familie Claussen
Schwackendorf 37, 24376 Hasselberg
Telefon: 04642 96 51 78
E-Mail: info@barfusspark-schwackendorf.de
www.barfusspark-schwackendorf.de
Öffnungszeiten: Mai bis Oktober täglich 10 bis 18 Uhr, am Wochenende bis 19 Uhr.

GETTORF: Tierpark Gettorf
Zwischen Kiel und Eckernförde liegt der Tierpark Gettorf, ein rund acht Hektar großes
Familienunternehmen, unter anderem mit Afrika- und Südamerika-Anlagen, mit Tropen-
halle und Affenhaus. Es gibt Mitmach-Fütterungen und einen Waldlehrpfad.
Infos:
Tierpark Gettorf
Süderstr. 33 , 24214 Gettorf
Telefon: 0 4346 4160-0
E-Mail: info@tierparkgettorf.de
www.tierparkgettorf.de
Öffnungszeiten: Sommeröffnungszeiten (ca. März bis Oktober) 9 bis 18 Uhr, Winteröff-
nungszeiten (ca. November bis März) 10 bis 16 Uhr.

FLENSBURG: Phänomenta
Naturwissenschaft zum Anfassen. Mehr als 170 interaktive Exponate auf 3500 Qua-
dratmetern. Ausprobieren, begreifen, staunen. In der Phänomenta in Flensburg sind
Naturgesetze greifbar. So macht Lernen Spaß.
Infos:
Phänomenta e.V.
Norderstraße 157-163, 24939 Flensburg
Telefon: 0461 14 44 90
www.phaenomenta-flensburg.de
Öffnungszeiten: dienstags bis freitags 10 bis 18 Uhr, samstags sowie an Sonn- und Feier-
tagen 12 bis 18 Uhr, montags geschlossen (außer von Juni bis September).

Romantisch im Morgennebel liegt das Schloss Glücksburg. Ein richtiges Märchenschloss

Kultur zwischen den Meeren

Kultur kann Spaß machen. Hauptsache, sie wird nicht dröge und langweilig präsentiert. In Stadt und Land können Familien, aber natürlich auch Paare und Alleinreisende viel entdecken. Auch gerne mal abseits der bekannten Orte.

LÜBECK: Das Buddenbrookhaus

Eine weiße Barockfassade in der Mengstraße in Lübeck. Dahinter befindet sich eines der außergewöhnlichsten Literaturmuseen der Welt und erinnert an die berühmtesten Söhne der Stadt: Heinrich und Thomas Mann. In der Ausstellung „Die Buddenbrooks – ein Jahrhundertroman" sind zwei Räume zu einem „begehbaren Roman" gestaltet worden. Die zweite Dauerausstellung „Die Manns – eine Schriftstellerfamilie" berichtet chronologisch über das Leben und Wirken der Familie Mann: von ihrer internationalen Herkunft, dem literarischen und persönlichen Aufbruch aus Lübeck, den unterschiedlichen Lebenswegen, dem persönlichen Leiden an Deutschland und den individuellen Abschieden.

Infos:

Buddenbrookhaus Heinrich-und-Thomas-Mann-Zentrum

Mengstraße 4, 23552 Lübeck

Telefon: 0451 122 41 90

E-Mail: museen@luebeck.de

www.buddenbrookhaus.de

Öffnungszeiten: täglich 11 bis 17 Uhr (Februar und März) bzw. 11 bis 18 Uhr (April bis Dezember), im Januar montags geschlossen, sonst 11 bis 17 Uhr.

EUTIN: Schloss Eutin

Einst mittelalterliche Burg, später Sommerresidenz der Herzöge von Oldenburg, liegt das Schloss im Herzen der Holsteinischen Schweiz, direkt am Großen Eutiner See und lädt zu einem Ausflug in die herrschaftliche Lebenskultur des 18. Jahrhunderts ein. Mit Museum, Gastronomie und regelmäßigen Wechselausstellungen.

Infos:
Stiftung Schloss Eutin
Schlossplatz 5, 23701 Eutin
Telefon: 04521 709 50
E-Mail: info@schloss-eutin.de
www.schloss-eutin.de
Öffnungszeiten: dienstags bis sonntags 11 bis 17 Uhr, von Mitte Juni bis Oktober auch
montags und von 10 bis 18 Uhr geöffnet

LENSAHN: Museumshof

Wie die Landwirte früher arbeiteten und lebten, das erzählt der Museumshof Lensahn
nahe Grömitz. Mit Naturlehrpfad und Treckertouren auf einem riesigen Gelände.

Infos:
Museumshof Lensahn
Bäderstraße 18, 23738 Lensahn
Telefon: 04363 911 22
E-Mail: info@museumshof-lensahn.de
www.museumshof-lensahn.de

SCHLESWIG: Schloss Gottorf

Von Moorleichen bis zu moderner Kunst der Sammlung Horn: Auf der Museumsinsel
Schloss Gottorf in Schleswig sind gleich zwei Landesmuseen untergebracht. Hier taucht
man ein in die Landesgeschichte, entdeckt und begreift. Dazu gibt es Gastronomie und
einen fantastischen Barockgarten.

Infos:
Landesmuseen Schleswig-Holstein
Schlossinsel 1
24837 Schleswig
Telefon: 04621 81 32 22
E-Mail: service@schloss-gottorf.de
www.schloss-gottorf.de
Öffnungszeiten: November bis März dienstags bis freitags 10 bis 16 Uhr, am Wochenen-
de 10 bis 17 Uhr bzw. April bis Oktober: dienstags bis freitags 10 bis 17 Uhr, am Wochen-
ende 10 bis 18 Uhr

SCHLESWIG: Wikingermuseum Haithabu

So lebten sie, die Wikinger: Auf dem großen historischen Freigelände stehen echte
Wikingerhäuser und eine Landebrücke. Es gibt regelmäßige Märkte und Themen-

Veranstaltungen – Wikingerleben zum Miterleben.

Infos:

Wikingermuseum Haithabu

Am Haddebyer Noor 5, 24866 Busdorf

Telefon: 04621 81 31 22

E-Mail: service@schloss-gottorf.de

www.schloss-gottorf.de/haithabu

Öffnungszeiten: ab Frühling täglich 9 bis 17 Uhr.

MOLFSEE: Schleswig-Holsteinisches Freilichtmuseum

Eintauchen in eine andere Zeit. Durch Gebäude gehen, wie sie damals waren. Durch eine Bockwindmühle von 1766 zum Beispiel. Oder durch eine Apotheke von 1840, ein altes Armenhaus, eine Meierei, Fischerkaten, nachgebaute Hofanlagen... Und natürlich essen und einkaufen in Läden, wie es sie heute gar nicht mehr gibt: bei Korbmachern, Drechslern, Webern oder Hutmachern. Im Schleswig-Holsteinischen Freilichtmuseum Molfsee nahe Kiel ist auf einem 40 Hektar großen Gelände mit Wiesen, Gärten, Feldern und Teichen und über 60 historischen Gebäuden eine andere Zeit nachgebaut. Wie echt mit all dem Mobiliar, Hausrat und den Tieren.

Infos:

Freilichtmuseum Molfsee

Hamburger Landstraße 97, 24113 Molfsee

Telefon: 04621 81 32 22

E-Mail: service@schloss-gottorf.de

www.schloss-gottorf.de/molfsee

Öffnungszeiten: bis Ende Oktober täglich 9 bis 18 Uhr.

GLÜCKSBURG: Schloss Glücksburg

Ein Märchenschloss, perfekt für Kinder – mit kindgerechtem Audioguide, Märchenturm und Kinderführungen. Schloss Glücksburg, eine der bedeutendsten Schlossanlagen in Nordeuropa, diente mehrfach als Filmkulisse, unter anderem für die ZDF-Serie „Der Fürst und das Mädchen" und Heinrich Breloers Doku-Drama „Speer und Er".

Infos:

Stiftung Schloss Glücksburg

Schloss, 24960 Glücksburg

Telefon: 04631 44 23 30

E-Mail: info@schloss-gluecksburg.de

www.schloss-gluecksburg.de

Öffnungszeiten: Mai bis Oktober täglich 10 bis 18 Uhr, November bis April nur am Wochenende, 11 bis 16 Uhr.

Das Holstentor in Lübeck vom Aussichtsturm der Kirche St. Petri

Erfahren

Städtetrips – Cool auf Tour

Mal auf „Tatort"-Fährten wandeln? Oder dem Landarzt auf die Spur kommen? In die Geschichte eintauchen und auf Zeitreise gehen? Überall in Schleswig-Holstein gibt es sehr besondere Stadttouren. Zum Beispiel diese hier.

KAPPELN

Ach, war das schön, damals in den Achtzigern. Beim Landarzt im idyllischen Deekelsen. Gedreht wurde das übrigens noch bis 2012. Und da es Deekelsen gar nicht gibt, sind die Drehorte in Kappeln und Umgebung. Das Landarzt-Haus steht zum Beispiel in Lindaunis und ist ein Café mit sensationellen Torten. In Kappeln werden bis heute regelmäßig zweistündige Stadtführungen „Auf den Spuren des Landarztes" angeboten.

Infos:
Ostseefjord Schlei GmbH
Plessenstraße 7, 24837 Schleswig
Telefon: 04621 85 00 56
www.ostseefjordschlei.de/erleben/stadtfuehrungen-und-erlebnistouren

SCHLESWIG

Touren in die Geschichte gibt es in Schleswig. Da wandelt man zum Beispiel „Auf den Spuren mittelalterlicher Kirchen und Klöster", erfährt Spannendes über „Hexen, Heiler und Scharlatane" oder bei „Butter bei die Fische" ganz viel über das Leben der Fischer.

Infos:
Ostseefjord Schlei GmbH
Plessenstraße 7, 24837 Schleswig
Telefon: 04621 85 00 56
www.ostseefjordschlei.de/erleben/stadtfuehrungen-und-erlebnistouren

FLENSBURG

In Flensburg werden unter anderem spezielle „Rum- und Zuckertouren" angeboten. Außerdem gibt es Nachtwanderungen unter dem Motto „Kuriositäten und Mysterien" und private Touren, bei denen es auch wieder rund um den Rum geht: „Rumgeschichte – von Braasch bis Johannsen".

Infos:

Touristinformation Flensburg

Nikolaistraße 8, 24937 Flensburg

Telefon 0461 90 90 920

E-Mail: info@flensburger-foerde.de

www.flensburger-foerde.de/service/stadtfuehrungen

GLÜCKSBURG

Neben klassischen Touren gibt es in Glücksburg auch eine Schlossführung „Flirt im Schloss". Worum es geht? Um die Liebe in all ihren Facetten. Wie sah früher eine Brautschau aus? Wie sah das Schönheitsideal aus? Wo war im Schloss überhaupt Platz für Erotik?

Infos:

Touristinformation Glücksburg

Schinderdamm 5, 24960 Glücksburg

Telefon 04631 45 11 00

E-Mail: info@flensburger-foerde.de

www.flensburger-foerde.de/service/stadtfuehrungen

KIEL

Wer die Landeshauptstadt auf den Spuren von „Tatort"-Kommissar Klaus Borowski kennenlernen möchte, für den sind die regelmäßigen, geführten Kieler „Tatort-Radtouren" ideal. Denn radelnd lernt man Kiel von einer ganz anderen Seite kennen, erfährt spannende Hintergründe zu den „Tatort"-Folgen mit Axel Milberg in der Hauptrolle und weiß hinterher sehr viel über Leichenfunde auf dem Fördedampfer, Verhöre am Tiessenkai oder Verfolgungsjagden auf der Holtenauer Hochbrücke. Spannend!

Infos:

Tourist-Information Kiel

Andreas-Gayk-Straße 31, 24103 Kiel

Telefon: 0431 67 91 00

www.ostsee.de/kiel/stadtfuehrung.html

LÜBECK

In Lübeck und Travemünde bietet das Buddenbrookhaus literarische Stadtführungen an – von „„Topografie der Lust' – Auf den Spuren von Professor Unrat und Heinrich Mann durch das andere Lübeck" über die „Nobelpreisträger-Stadtführung" bis hin zu „Nicht nur Thomas Mann! – Lübeck und seine Autoren".

Außerdem gibt es in Lübeck Sonderführungen in die Geschichte und an besondere Orte – unter anderem „Lübecker Stadtgeschichten: Krimi & Tour Lübeck", „Höfe und Gänge Tour – Rundgang durch das versteckte Lübeck" oder den Stadtspaziergang Lübecker „Zeitreise".

Infos:

Lübeck und Travemünde Marketing GmbH

Holstentorplatz, 23552 Lübeck

Telefon: 0451 88 99 700

E-Mail: info@luebeck-tourismus.de

www.luebeck-tourismus.de/erkunden/stadtfuehrungen-rundfahrten.html

und

Buddenbrookhaus - Heinrich-und-Thomas-Mann-Zentrum

Mengstraße 4, 23552 Lübeck

Telefon: 0451 122 42 43

www.buddenbrookhaus.de/de/spaziergaenge

Das richtige Buch an jedem Ort – für große und kleine Leser

Literatur für jeden Ort

Schleswig-Holstein hat nicht nur viele prominente Autoren, es ist auch immer wieder Schauplatz zahlreicher Geschichten. Da passt es gut, wenn man im Strandkorb liegt und entspannt mit Pia Korittki auf Verbrecherjagd geht. Sich in Lübeck ein bisschen wie Tony Buddenbrook fühlt. Oder sich in Lütjenburg ein wenig an den kleinen Ort Schmalenstedt aus Rokko Schamonis „Dorfpunks" erinnert fühlt.

Zum Verlieben:

Von einer angeblich exklusiven *Bustour an die Schlei* erzählt Dora Heldt in „Herzlichen Glückwunsch, Sie haben gewonnen!" – witzig und mittendrin in den kleinen Dörfern an der Schlei. (dtv)

Ins *Lübeck von 1870* reist man mit Lena Johannson in ihrem historischen Liebesroman „Das Marzipanmädchen". (Knaur)

In Ina Sprottes Roman „Wat mutt, dat mutt!: Ein Roman zwischen den Meeren" beginnt das Chaos auf der *Kieler Woche*. Und nimmt irgendwie kein Ende. (Boyens)

Ganz romantisch spielt Brigitte Jansons Liebesgeschichte „Holunderherzen" auf einem *Biohof in der Lübecker Bucht*. (List)

Vier Freundinnen treffen sich in Anneke Mohns „Apfelrosenzeit" an der *Kieler Förde* wieder. Ein Treffen, das zu Herzen geht. (Rowohlt)

Eine große Liebe beginnt an einem *See in Ostholstein* – und bis zum Schluss weiß man nicht, ob sie wirklich ein gutes Ende nimmt, in: Janne Mommsen: „Zwischen den Bäumen das Meer". (Rowohlt)

Zum Genießen

Thomas Manns „Buddenbrooks" sollte man einfach lesen. Am liebsten da, wo sie spielen: in *Thomas Manns Geburtsstadt Lübeck*. (Fischer)

Joachim Meyerhoffs Bücher nehmen ihren Anfang *in Schleswig*, ausgerechnet in einer Psychiatrie. Passend zum Beispiel: „Wann wird es endlich wieder so, wie es nie war?" (Kiepenheuer & Witsch)

Das Dörfchen Schmalenstedt aus Rokko Schamonis „Dorfpunks" soll wohl eigentlich *Lütjenburg* sein. Also: Einfach hinfahren und lesen! (Rowohlt)

Auch Heinrich Manns Roman „Professor Unrat" *spielt in Lübeck*, allerdings an etwas sündigeren Orten als Thomas Manns „Buddenbrooks". (Rowohlt)

Kiel, Lütjenburg, die Ostsee – dort spielen Vergangenheit und Gegenwart in Tim Krohns wunderbarem Roman „Ans Meer". (detebe)

Eine Liebe zwischen Schüler und Lehrerin – und vor der *Kulisse der Ostseeküste*, davon erzählt Siegfried Lenz in „Schweigeminute". (dtv)

Zum Ermitteln

Eva Almstädts Krimi-Heldin Pia Korittki geht in *Lübeck und in der Lübecker Bucht* auf Verbrecherjagd. Alle Fälle unter www.eva-almstaedt.de. (Bastei Lübbe)

Traumatisierter Soldat übernimmt eine *Landarztpraxis an der Schlei* – und gerät in einen spannenden Kriminalfall: Stefanie Ross: „Das Schweigen von Brodersby. Ein Landarzt-Krimi". (grafit)

Am *Passader See, nahe des Selenter Sees*, geschehen seltsame Dinge und bringen auch Detektivin Hanna Hemlokk in Gefahr. Spannend erzählt von Ute Haese in „Den Letzten beißt der Dorsch". (emons)

Mit einer Leiche am *Nordturm der Lübecker Marienkirche* fängt alles an und lässt Jobst Schlennstedt in „Der Teufel von St. Marien" einen kniffligen Fall erzählen. (emons)

Gerade erst *nach Kiel* versetzte Kommissarin löst in „Fördewasser" von Kirstin Warschau ihren ersten Fall. (Piper)

Für Kinder

Eigentlich findet es Franzi schrecklich öde, mit ihren Eltern an die Ostsee fahren zu müssen, aber dann wird sie in immer neue Kriminalfälle verwickelt, die alle *in Cismar rund ums Kloster* spielen – in Simone Klages: „Die Detektive von Cismar", 1. Band: „...und die geklauten Köpfe", ab 10 Jahren. (Beltz & Gelberg)

Gesagt hat es niemand, aber irgendwie kann man sich die Serie „Ponyherz" von Usch Luhn toll in der *Geltinger Birk* vorstellen, wo ja eh Wildpferde umherlaufen. Wir jedenfalls haben es dort gelesen. 1. Band: „Ponyherz – Anni findet ein Pony", ab 7 Jahre. (Carlsen)

Erich Kästners „Emil und die drei Zwillinge" *spielt an der Ostsee.* Und ist richtig spannend, ab 10 Jahre. (Dressler)

Wenn man einmal *irgendwo bei Malente* ist, dann von Regina Schnorrenberg „Neues Leben auf dem Immenhof: Nicki und der Zauberschimmel" lesen. (Windspiel-Verlag)

Spielt bestimmt *nicht an der Ostsee,* ist aber wunderschön für kleine Strandentdecker und Sachensucher: „Stinas Sommer: Sturm-Stina / Stina und der Lügenkapitän" von Lena Anderson, ab 4 Jahre. (cbj)

Aus der Reihe „Wieso? Weshalb? Warum?" gibt es viele zur Reise passende Themen, darunter: „Alles über Prinzessinnen" (Band 15), „Komm mit ans Meer" (Band 17), „Wir entdecken Meerestiere" (Band 27), „Alles über Piraten" (Band 40), „Bei den Wikingern" (Band 48), „Alles über Schiffe" (Band 56), „Wie Kinder früher lebten" (Band 60) oder „Wir schützen unsere Umwelt" (Band 67). Alle ab 4 Jahre. (Ravensburger).

Sommer, Sonne, See – und dazu der wunderbarste Picknickkorb von allen

Restaurants und Cafés

Klar, ein stilvolles Picknick ist unschlagbar. Aber so ein Fischbröt-chen? Oder eine fluffige Torte? Oder ganz frisches Marzipan? Also doch! – Hier kommen unsere Tipps für Cafés und Restaurants. Absolut subjektiv und wirklich nur die, in denen wir waren und die uns wirklich richtig gut gefallen haben.

TANGSTEDT: Gut Wulksfelde

Wer von der Holsteinischen Schweiz in Richtung Hamburg fährt, sollte sich einen Be-such auf Gut Wulksfelde gönnen. Der Biohof ist mit seinen Spielflächen und den vielen Tieren nicht nur ein Paradies für Kinder. Auch das Restaurant „Gutsküche" von Rebecca und Matthias Gfrörer ist sensationell gut. Sehr edel, sehr bio und sehr kreativ.

Infos:

Gutsküche Wulksfelde

Wulksfelder Damm 15-17, 22889 Tangstedt

Telefon: 040 64 41 94 41

E-Mail: info@gutskueche.de

www.gutskueche.de

Öffnungszeiten: dienstags bis samstags 12 bis 15 Uhr und 18 bis 22 Uhr.

LÜBECK: St. Petri-Café

Direkt im Eingangsbereich der Kirche St. Petri gibt es ein wunderschönes kleines Café, in dem Torten, aber auch günstige, täglich wechselnde Suppen und Quiches angeboten werden. Außerdem kann man Marmelade und andere selbstgemachte Dinge kaufen.

Infos:

St. Petri-Café

St. Petri zu Lübeck

Königstraße 104, 23552 Lübeck

Telefon: 0451 790 70 14

E-Mail: info@st-petri-luebeck.de

Öffnungszeiten: montags bis samstags von 11 bis 17 Uhr.

LÜBECK: Marzipan-Speicher

Marzipan, so weit das Auge reicht. Als Nudeln, Likör, Pralinen, Obst, Pommes... Wer einmal so richtig eintauchen will in eine wunderbar klebrig-süße Marzipanwelt, dabei viel über Herkunft und Herstellung erfahren, zu fairen Preisen einkaufen oder gleich im Café genießen will, der soll unbedingt in Lübeck in die Marzipan-Speicher. Egal, ob Marzipan-Museum, Marzipan-Café, Marzipan-Speicher am Holstentor oder Speicher-Rösterei – einfach treiben lassen und auf Entdeckungsreise gehen!

Infos:

Marzipan-Land

An der Untertrave 98, 23552 Lübeck

Telefon: 0451 897 39 39

info@marzipanland.de

www.marzipanland.eu

EUTIN: Brauhaus

Gemütlich, zünftig und in der netten Umgebung der kleinen Altstadt. Das selbst gebraute Bier löscht herrlich den Durst.

Infos:

Brauhaus Eutin

Marcus Gutzeit

Markt 11, 23701 Eutin

E-Mail: info@brauhaus-eutin.de

www.brauhaus-eutin.de

Öffnungszeiten: täglich 11.30 bis 21.30 Uhr durchgehend warme Küche (in der Saison)

MALENTE: Weißer Hof

Eher älteres Publikum, aber ein sehr schönes kleines, gediegenes Hotel mit wunderbarem Restaurant, auch für auswärtige Gäste.

Infos:

Gartenhotel Weißer Hof

Vossstraße 45, 23714 Malente-Gremsmühlen

Telefon: 04523 992 50

www.weisserhof.de

Öffnungszeiten: täglich 8 bis 10.30 Uhr Frühstücksbüffet (nur nach Reservierung) und täglich (außer donnerstags) 18 bis 20 Uhr warme Küche. Außerdem gute Übernachtungs-Pauschalen.

SCHARBEUTZ: Café Wichtig

Aus dem 1951 in Timmendorf eröffneten legendären Café Engels Eck entstandener Ableger in Scharbeutz. Das im Laufe der Jahre wegen seiner Promi- und Möchtegern-Promi-Dichte in „Café Wichtig" umgetaufte Lokal mag ja eine Schickimicki-Adresse sein, aber wir finden es richtig, richtig gut. Außerdem ist es eines der vielen schönen Cafés am Strand von Scharbeutz, der immer wieder von tollen Spielplätzen unterbrochen wird und deshalb vor allem eines hervorbringt: entspannte Familien.

Infos:
Café Wichtig
Strandallee 134a, 23683 Scharbeutz
Telefon: 04503 898 10 00
E-Mail: info@cw-scharbeutz.de
www.cw-scharbeutz.de
Öffnungszeiten: täglich ab 8:30 Uhr (Frühstück bis 12 Uhr, warme Küche bis 21.30 Uhr)

GRÖMITZ: Strandidyll

Nicht nur gut schlafen (übrigens auch im Schlafstrandkorb möglich), sondern auch wunderbar, edel und elegant essen gehen, kann man im Restaurant des Hotels Strandidyll.

Infos:
Hotel Strandidyll
Uferstraße 26, 23743 Grömitz
Telefon: 04562 18 90
E-Mail: hotel@strandidyll.de
www.strandidyll.de
Öffnungszeiten: Frühstück vom Verwöhnbuffet täglich 7 bis 10.30 Uhr. Torten und Kuchen aus eigener Konditorei und warme Speisen von der Nachmittagskarte ab 14 Uhr (in der Saison). Restaurant täglich ab 18 Uhr, Küche bis 20.30 Uhr.

GRÖMITZ-LENSTE: Café zum Ziegelhof

Eigentlich ist der an der Bundesstraße 501 zwischen Grömitz und Kloster Cismar gelegene Hof Mougin für seine Erdbeeren berühmt. Wenn man dann aber die große Scheune des Ziegelhofs betritt, ist man vom Anblick der gekühlten Torten in der riesigen Theke regelrecht geblendet. Und dann setzt man sich auf alte Möbelchen – und genießt.

Infos:
Café zum Ziegelhof
Ziegelhof 2, 23743 Grömitz
Telefon: 04366 884 65 31
E-Mail: info@hof-mougin.de
www.hof-mougin.de/cafe-zum-ziegelhof.php (dort stehen die aktuellen Öffnungszeiten)

HEILIGENHAFEN: Emma am Meer

Kein Café, aber ein ausgesprochen netter Tante-Emma-Laden gleich neben Bretterbude und Beach Motel in Heiligenhafen. Man kann sich Gokarts ausleihen, tolle Bioprodukte kaufen und Baumstriezel essen. Die werden gleich im Laden frisch gemacht, es gibt sie wahlweise süß oder herzhaft und sie schmecken wirklich fantastisch.

Infos:

Seebrückenpromenade 1, 23774 Heiligenhafen

www.facebook.com/emmaammeer

FEHMARN: Borgo Antico

Fantastischer Italiener im Herzen von Burg auf Fehmarn, in einer kleinen Seitenstraße. Egal, ob man drinnen oder draußen sitzt, das Essen ist besonders, die Stimmung ist gut und der Wein ist traumhaft.

Infos:

Borgo Antico

Ohrtstraße 1, 23769 Burg auf Fehmarn

Telefon: 04371 889 80 55

E-Mail: info@borgoantico.de

www.borgoantico.de

SÜDERBRARUP: Angler Hof

Bei Küchenchef Kevin Noack und seinem echt tollen, herzlichen, kinderlieben und freundlichen Team kann man in einer klaren, frischen und nicht überladenen Atmosphäre einfach wunderbar essen.

Infos:

Angler Hof Landgasthotel

Große Straße 25, 24392 Süderbrarup

Telefon: 04641 922 90

www.anglerhof.de

Öffnungszeiten: montags bis samstags ab 17.30 Uhr, sonntags 12 bis 20 Uhr. Übernachtungsmöglichkeit im angeschlossenen Hotel.

HOHWACHT: Seaside

Einfaches und gutes Restaurant, ideal für Familien. Wickeltisch, Spielecke, Spielplatz, entspannte Atmosphäre, Kindergerichte, Leih-Lätzchen... Und das alles gleich in Strandnähe.

Infos:
Restaurant Seaside
Seestraße 14, 24321 Hohwacht
Telefon: 04381 41 48 60
www.seaside-hohwacht.de
Öffnungszeiten: täglich 10 Uhr bis open end (April bis Oktober) und freitags, samstags
und sonntags 10 Uhr bis open end (November bis März). Von 11.30 Uhr bis 21 Uhr durch-
gehend warme Küche.

SCHLEI: Café Lindauhof
Sensationelle Torten gibt es im Haus vom „Landarzt". Hausgebacken, frisch, fluffig und
sahnecremig. Die TV-Kulisse inklusive der Starfotos an den Wänden gibt es gratis dazu.
Infos:
Café Lindauhof
Lindauhof 4, 24392 Boren
Telefon: 04641 37 10
E-Mail: info@cafelindauhof.de
www.cafelindauhof.de
Öffnungszeiten: November bis Februar nur samstags, sonntags und feiertags 9 bis 19
Uhr geöffnet. März bis Oktober montags bis freitags 11 bis 19 Uhr und samstags, sonn-
tags und feiertags 9 bis 19 Uhr. Im Januar geschlossen.

Adressen, Links und Blog

Noch mehr Tipps, um so eine Tour ganz individuell zu planen – mit allen Orten und den Links, die man für die eigene Recherche braucht. Dazu viele Tipps für Reisevorbereitung und Einkaufsliste.

Recherchelinks

Auf der Seite des Schleswig-Holstein-Tourismus findet man alle wichtigen Ansprechpartner und Adressen, aber auch spezielle Tipps für Familien, die besten Strände und Camping-Plätze: *www.sh-tourismus.de*

Hier gibt es Infos rund um die Schlei und viele fantasievolle Angebote, wie der Möglichkeit, sich in mehreren Orten einen bereits mit regionalen Produkten gefüllten Picknickkorb zu bestellen – inklusive einer Karte mit den schönsten Orten zum Picknicken: *www.ostseefjordschlei.de*

Dort kann man viel über die Lübecker Bucht erfahren, unter anderem über ein tolles Angebot für Familien mit Kindern zwischen 3 und 14 Jahren. Die können sich nämlich in den Urlaubsorten der Lübecker Bucht ein „Heuerbuch" abholen, das randvoll ist mit Schatzsuchen, Abenteuern, Kaperfahrten und Piratenfesten. Alles über die Piratenrallyes und noch viel mehr unter: *www.luebecker-bucht-ostsee.de*

Die offizielle Tourismusseite der Ostsee informiert detailliert über die Region. Da gibt es zum Beispiel eine Übersicht über alle Leuchttürme und über alle Schlösser und Herrenhäuser. Außerdem Geheimtipps, alles zum Thema Wellness, alle wichtigen Termine und Informationen und die OstseeApp: *www.ostsee-schleswig-holstein.de*

Termine, Orte, Angebote – alles über Fehmarn findet sich unter: *www.fehmarn.de*

Ganz viel Musik

Von Rolando Villazón bis Tina Dico, vom Deutschen Haus in Flensburg bis zur Reithalle in Wotersen: Beim „Schleswig-Holstein Musik Festival" trifft man jeden Sommer auf große Stars, große Orchester und große Komponisten – und das an großen und kleinen Orten quer durch Schleswig-Holstein.
Alle Infos auf: *www.shmf.de*

Vor der Abfahrt

Unser fahrbares Kinderzimmer haben wir bei Jako-o gekauft. Unter www.jako-o.de gibt es in der Rubrik „Familien unterwegs" auch „Praktisches fürs Auto": unsere Rücksitzbankbox, aber auch kuschelige Nackenhörnchen oder Ordnungshelfer für den Rücksitz.

Witzige Malbücher, abwischbare Rätselkarten, praktische Unterwegs-Spiele, Bandolinos, Kratzbilder, handliche Sticker-Hefte... All das sammele ich zuhause in einem Versteck und packe es rationiert aus, wenn es auf Reise geht. Dann ist unser fahrbares Kinderzimmer immer neu, immer anders gefüllt und eine einzige große Überraschungskiste.

Überraschend ist bei uns im Auto auch immer ein kleiner Proviantbeutel – für das spontane Picknick unterwegs. Alternativ weisen an den Landstraßen in Schleswig-Holstein immer wieder Schilder auf hübsche Landcafés oder Erlebnisbauernhöfe hin, die man auf der Fahrt für eine schöne Rast nutzen kann.

Durchsichtige Kisten sind eine tolle Alternative zum Koffer, denn sie sind viel übersichtlicher, gerade wenn man an vielen unterschiedlichen Orten übernachtet. Es gibt sie in jedem Baumarkt. Sie sollten in jedem Fall einen Deckel haben, damit man sie problemlos stapeln kann.

An der Zeltausrüstung nicht sparen, es am Anfang aber auch nicht übertreiben. Wir haben für ein Drei-Personen-Zelt, drei Iso-Matten und drei Schlafsäcke knapp über 500 Euro bezahlt. Im Sonderangebot bei Globetrotter *www.globetrotter.de*.

Praktisch: Kühltaschen für unterwegs. Außerdem reichlich Wasser, Obst und kleine Snacks für die Fahrt.

Für nächtliche Wege in die sanitären Anlagen: Taschenlampe, Badelatschen und Klopapier nicht vergessen!

Der Blog

www.schlafenundstaunen.de Schon
ausgelesen? Dann geht es jetzt unter
www.schlafenundstaunen.de weiter mit
noch mehr ungewöhnlichen Übernachtungsmöglichkeiten, außergewöhnlichen
Orten und überraschenden Reiseideen.
Alle Infos, die man braucht, um seine eigene „Schlafen und Staunen"-Tour zu planen und die passenden Orte zusammen-
zustellen. In Deutschland und anderswo.
Dazu gibt es immer aktuelle Buchtipps,

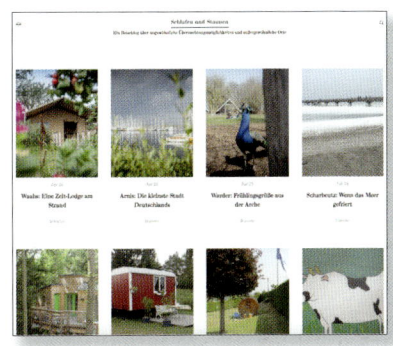

Ratschläge für die Reise und ab und an einen Produkttest. Ein wachsender Blog – und
das Versprechen: Auch online sind und bleiben wir Journalisten, unsere Themen sauber
recherchiert und mögliche Werbung deutlich gekennzeichnet.

Facebook

„Schlafen und Staunen" auf Facebook
Wenn es ganz schnell gehen soll: Aktuelle
Neuigkeiten über die von uns besuchten
Orte, gute Weblinks, Artikel und natürlich
immer aktuelle Posts von unterwegs gibt
es auf der „Schlafen und Staunen"-Face-
bookseite.

Die Macher

Konzept und Texte: Tanja Breukelchen

Menschen treffen, ihnen zuhören und ihre Geschichten aufschreiben. Für Tanja Breukelchen, Jahrgang 1976, der schönste Beruf der Welt. Aufgewachsen im Ruhrgebiet, studierte sie in Bochum Geschichte und kam 2001 über ein Volontariat an der Journalistenschule Axel Springer nach Hamburg. Von dort aus arbeitet sie seit mehr als zehn Jahren frei, entwickelt Kundenmagazine und schreibt für Zeitungen und Magazine.
www.breukelchen.de

Fotografie: Axel Martens

Ein fotografierender Wanderer zwischen den Welten. Ob Porträt oder Reise, Kultur, Wirtschaft oder Politik, ob drinnen oder draußen, ob Deutschland oder die Welt. Axel Martens, 1968 an der Nordseeküste geboren, löst gerne zur richtigen Zeit aus – unter anderem für das SZ Magazin, den Spiegel, die Zeit, Geo usw....
www.axelmartens.de

Gestaltung: Dirk Bartos

Dirk Bartos ist Creative Director und diplomierter Kommunikationsdesigner, war unter anderem Designer beim Stern, Art Director des Frauenmagazins Allegra und hat mehr als 20 Jahre Erfahrung in der journalistischen Konzeption von Publikumszeitschriften und Magazinen im Bereich des Corporate Publishing. Geschäftsführender Gesellschafter BartosKersten Printmediendesign.
www.bartoskersten.de

Herstellung: Lorenz Obenhaupt

Der ausgebildete Techniklehrer, Jahrgang 1959, gehört mit zu den Pionieren bei der Einführung von Macs im Verlagswesen Ende der 1980er-Jahre. Er hat zahlreiche Installationen von Anzeigen- und Redaktionssystemen als Trainer, Berater und Systemadministrator begleitet (u. a. Stern, Schöner Wohnen, Brigitte, Gala). Geschäftsführer der OPS Obenhaupt Publishing Service GmbH in Hamburg.
www.obenhaupt.de